Siegertyp.
PH. & C. ANDRES
KIRNER
1. FSV MAINZ 05
Wir gratulieren dem 1. FSV Mainz 05 ganz herzlich zu einer großartigen Saison 2001/2002. Als langjähriger Partner werden wir den Verein auch in Zukunft nach Kräften darin unterstützen, in die Liga der absoluten Spitzenteams aufzusteigen. Denn für den 1. FSV Mainz 05 gilt genau das, was auch die Kirner Privatbrauerei und ihre Pils-Spezialitäten auszeichnet: sympathische Vielseitigkeit, erfrischender Ehrgeiz und ein eigenständiger Charakter. Weiterhin viel Erfolg wünscht: Kirner. Das Gesicht in der Menge.
GOLDENER PREIS 2002
DLG
PRÄMIERT
Kirner Privatbrauerei Ph. & C. Andres • Kallenfelser Straße 2-4 • 55606 Kirn • www.kirner.de • E-Mail: brauerei@kirner.de

1. FSV MAINZ 05

NIE MEHR
2. LIGA !!
WACHE
1
FRIEDRICH
34
THURK
27
BODOG
26
BEDIAKO
13
21
KARLSBERG

HOCK
11
18
N. WEILAND
22
KRAMNY
14
CHRIST
6
RADIO

Bernd-Dieter Jenrich (Text)
Sascha Kopp und Stefan F. Sämmer (Fotos)

Aufsteiger der Herzen

Rückblicke +++ Einblicke +++ Ausblicke

Mit Texten von Matthias Dietz-Lenssen
und Michael Bonewitz

Eine Publikation
der MAINZ-Vierteljahreshefte
herausgegeben von Michael Bonewitz
in Zusammenarbeit mit Mainz 05

Mainz 05
Rückblicke · Einblicke · Ausblicke
Aufsteiger der Herzen

Eine Publikation der MAINZ Vierteljahreshefte
Herausgegeben von Michael Bonewitz

Autor: Bernd-Dieter Jenrich
Co-Autoren: Matthias Dietz-Lenssen und Michael Bonewitz

Sämtliche Fotos: Sascha Kopp und Stefan F. Sämmer
Das Foto S. 2/3 und das Mannschaftsfoto Seite 156/157 wurde uns von Mainz 05/Torsten Zimmermann zur Verfügung gestellt.

Satz, Bildauswahl und grafische Gestaltung:
Michael Bonewitz / Bonewitz Communication GmbH

Papier: BVS glänzend 135 g/m²

Erste Auflage

ISBN 3-87439-609-6

Printed in Germany 2002

Verlag Hermann Schmidt Mainz
Robert-Koch-Straße 8

55129 Mainz

Tel. 06131/506030
Fax 06131/506080

info@typografie.de
www.typografie.de

Editorial

Ehrlich gesagt, wem standen nicht die Tränen in den Augen an diesem 5. Mai 2002 um 16.52 Uhr – ob nun Spielern oder Vorstand, den mitgereisten Fans in Berlin, den 20000 mitfiebernden Anhängern auf dem Mainzer Gutenbergplatz oder den Hunderttausenden, die über Radio die spannende und so verheißungsvolle Partie mitverfolgt hatten.

Ein packendes Fußballjahr ging zu Ende: voller Emotionen, Begeisterung und Herzblut.

Das Resultat dagegen klang erschreckend nüchtern. 1:3. Kein Aufstieg.

Knapp 24 Stunden später, am 6. Mai, einem tristen und grauen Montag, gesellte sich dann unerwarteterweise eine gehörige Portion Gänsehaut dazu.

20 geknickte Spieler auf einer winzigen Bühne am Fuße des riesigen Mainzer Doms. Davor 3000 Fans, die trotz Nieselregens ihre Mannschaft ehren wollen, angespornt vom nimmermüden Stadionsprecher Klaus Hafner.

Und dann tritt er ans Mikrofon: Jürgen Klopp! Seine Stimme belegt. Leise. Fast flüsternd.

»Ja, es war ein Schmerz, ein tiefer Schmerz, weil wir unser Ziel nicht erreicht, unseren Traum nicht erfüllt haben. Denn wir wollten unbedingt aufsteigen.«

Seine Stimme wird fester, rauer.

»Aber wir werden diesen Schmerz aufbewahren, wir werden ihn einpacken und wir werden gestärkt wiederkommen.«

Wie ein Magier beschwört er schließlich Fans und Mannschaft gleichermaßen.

»Mit jeder Faser unseres Körpers werden wir in den kommenden Spielen kämpfen, wir werden Gas geben, wie es noch nie eine Mannschaft im deutschen Fußball getan hat.«

Frenetischer Jubel der Fans, und plötzlich sind sie weg die Tränen, vergessen der Frust.
»Auf geht's – 05er.«

Genau das ist es, was diese Mannschaft zum »Aufsteiger der Herzen« hat werden lassen: Sie hat leidenschaftlich gekämpft, erfrischenden Fußball geboten, ist immer wieder aufgestanden und wird trainiert von einem der charismatischsten und sympathischsten Trainer der gesamten Bundesliga. Was für ein Glücksfall für Mainz.

Und die Rahmenbedingungen könnten besser nicht sein: eine Mannschaft, die aus einer Niederlage gestärkt hervortritt, ein neues – nunmehr erstligataugliches – Stadion. Eine erstarkte Fangemeinde, die bewiesen hat, dass man auch in Mainz 20000 Fans ins Stadion locken kann.

Ehrlich gesagt, was brauchen wir da eine Erste Liga.
Naja, aber schön wäre es schon.

Also – auf geht's!
Viel Erfolg

Michael Bonewitz
Herausgeber

Inhalt

MAINZER ON TOUR
MAINZER ON TOUR

LANDESHAUPTSTADT MAINZ

Amadeus AG

Endspiel

»Es war ein tolles Jahr, trotz allem.«

Saison-Kehraus: Nach der Rückkehr aus Berlin tausendfacher Trost auf dem Mainzer Domplatz von den Fans für Niclas Weiland, Dennis Weiland, Blaise Nkufo, Sandro Schwarz, Christian Hock, Jürgen Kramny, Kapitän Dimo Wache, Trainer Jürgen Klopp und Co.

»Wir sind stolz auf Euch«

Grandiose Saison trotz verpasstem Aufstieg

von Bernd-Dieter Jenrich

Steht auf, wenn Ihr Mainzer seid« und »Wir sind nur ein Karnevalsverein« hatten die Fans schon zwei Stunden vor dem Anpfiff erwartungsfroh aus voller Kehle geschmettert, die sich zu der Live-Übertragung des »Endspiels« auf einer Großbildleinwand in der Ludwigsstraße eingefunden hatten. Mehr als 20000 Menschen standen, sangen und schunkelten schließlich zwischen Staatstheater und Marktbrunnen. Das denkwürdige Datum 05.05. hätte für 05 als größter Tag in die Vereinschronik eingehen können. Es hat nicht sollen sein. Aschermittwoch-Katerstimmung statt Rosenmontag-Festfreude.

»Steht auf, wenn Ihr Mainzer seid« – dieser Aufruf gilt nach dem Abpfiff jetzt gleichermaßen den treuen Anhängern wie der Mannschaft vom Bruchweg. Die hatte mit der bitteren 1:3-Niederlage am 34. und letzten Zweitliga-Spieltag bei Union Berlin zwar den so nahen Aufstieg in Deutschlands Fußball-Beletage verspielt – das Haupt in Asche zu hüllen, dazu bestand oder besteht gleichwohl nicht der geringste Anlass. Denn: betrachtet man das aktuelle Gesamtwerk der 05-Fußballer, so bleibt ohne Wenn und Aber festzuhalten, dass sie eine tolle, eine grandiose Saison 2001/2002 hingelegt haben. Die in der Gutenbergstadt wie auch in deren nicht unbeträchtlichem Umfeld eine Menge an neuem Leben und neuer Leidenschaft in Bewegung gesetzt hat und damit verheißungsvolle Perspektiven eröffnet. Nicht zuletzt mit Blick auf das umgebaute Stadion. Ungeachtet des Nicht-Aufstiegs. Wie heißt es überdies: Man darf fallen, aber nicht liegen bleiben.

Schals, Spruchbänder und Schirme

Von dieser nicht die Spur gedämpften Pro-05-Stimmung konnten sich Trainer, Spieler, Verantwortliche und Betreuer bereits einen Tag nach der gescheiterten Mission nachhaltig und staunend überzeugen. Denn bei der Rückkehr aus der Bundeshauptstadt wurde die Delegation des Zweitligisten schon am Bahnhof von einigen hundert und nachfolgend auf dem Domplatz trotz Nieselregens von mehr als 4000 rot-weiße Schals, Spruchbänder und Schirme schwenkenden Anhängern begeistert begrüßt und gefeiert (»Wir sind stolz auf Euch«), die offenkundig ihre spontane Trauer bereits überwunden hatten und wieder aufgestanden waren. Kaum auszumalen, was in Mainz abgegangen wäre, wenn sich der Traum mit dem Einzug ins Fußball-Oberhaus erfüllt hätte ...

Auch der jüngste Nachwuchs fühlt und fiebert mit den 05ern.

Von der überwältigenden Herzlichkeit und Zuneigung angesteckt, hellten sich im Verlauf des über einstündigen Empfangs die zunächst tieftraurigen, nahezu erstarrten Mienen der 05-Expedition auf, huschte gelegentlich Lächeln über die Gesichter. Ja, und gegen Ende trat Dennis Weiland sogar als Vorsänger einer die Trikot-Rückennummern und ihre Träger präsentierenden Eigenschöpfung ans Mikro – und die gesamte 05-Familie auf dem Domplatz sang die Endlos-Komposition tapfer mit … Als dann Vereinspräsident Harald Strutz nochmals zum Mikrofon griff und in Anlehnung zum vorherigen musikalischen Mannschafts-Zahlen-Hit zusätzlich ein Loblied auf Klaus Hafner anstimmte (»… der beste Stadionsprecher der Welt«), flossen auch bei dem gewichtigen 48-Jährigen Tränen der Rührung. Die Strutzsche Eloge hatte sich der gebürtige Hechtsheimer, der sein »Auf geht's-Motto« längst zum 05-Programm erhoben hat, freilich allemal verdient. Denn – was der im »richtigen Leben« als Mitarbeiter in der Werbeabteilung der Landesbausparkasse beschäftigte Hobby-Moderator am Abend des 6. Mai auf der RPR-Bühne und schon tags zuvor bei der von dem Radiosender und Mainz 05 initiierten und finanzierten Live-Übertragung auf dem Gutenbergplatz über vier Stunden als Nonstop-Stimmungsmacher und -Aufmunterer abgeliefert hatte, besaß Bundesligareife.

Jetzt-erst-recht-Prognosen

Bevor Hafner gegen 18.45 Uhr zum allerallerletzten Gemeinschafts-Song (»Mainz 05, ich bin bei Dir«) animierte, hatte das 05-Führungskomitee eine Dankadresse nach der anderen an die Fans und selbstbewusste Jetzt-erst-recht-Prognosen in Richtung nächste Saison abgestattet. Harald Strutz erhob, analog zum vorjährigen »Meister der Herzen« Schalke 04, die Mainzer Fans zum »Aufsteiger der Herzen« und ließ zudem keine Zweifel daran aufkommen, sich auch in der neuen Spielzeit als Verein zu präsentieren, dessen Fußballkost Spaß bereiten soll, »weg von Verbissenheit, keine Aggression, keinen Hass«. Schon bei der Ankunft am Bahnhof hatte der Rechtsanwalt angesichts der geballten Sympathie-Bekundungen geäußert: »Wenn so viele junge Leute positiv ihre Emotionen ausleben, dann ist dies einmalig im Fußball.« Trainer Klopp, dem das quicklebendige Auditorium auf dem Domplatz immer wieder mit »Jürgen, Jürgen«-Sprech-

Betroffene Mienen und Tränen der Enttäuschung bei den Fans.

chören huldigte, versprach: »Ein Traum ist geplatzt, und die in Berlin erlittenen Schmerzen waren Scheiße, doch wir werden gestärkt aus ihnen hervorgehen und Gas geben, wie es noch nie eine Mannschaft im deutschen Fußball getan hat.« Auch Kapitän Dimo Wache versicherte drastisch: »Wir werden uns den Arsch aufreißen, um dieses Gefühl nächstes Jahr wieder nach Mainz zu holen.« Manager Christian Heidel bestätigte nach den in der feuchten Nacht nach dem Spiel in der Berliner Hotel-Bar erneut gesammelten Erfahrungen (»Nach dem 26. Bier ...«) der fleißig mitbechernden und ihren Frust ertränkenden Mannschaft, dass sie »die beste und tollste ist, die wir jemals hatten«. Und kündigte zugleich an, »alles zu tun, damit diese Mannschaft zusammenbleibt«. Ein mutmaßlich nicht leichtes Unterfangen, wie wohl auch die Fan-Gemeinde verspürte, die mehrfach »Nikufo«-Rufe formulierte. Sportdezernent und Bürgermeister Norbert Schüler apostrophierte den Bruchweg-Verein trotz des verpassten Aufstiegs als »Super-Mainz 05«, dem man ein neues »Wir-Gefühl« verdanke und bekräftigte zugleich, dass die Stadt die Nullfünfer beim Stadion-Umbau im Rahmen ihrer Möglichkeiten unterstützen werde. Mit nur 24 Stunden Abstand zum Aufstiegs-GAU also schon wieder Optimismus auf breiter Front.

Jürgen Klopp (vorn) und seine wackeren Mannen wurden überschwänglich gefeiert – beim Aufstieg hätte es kaum enthusiastischer sein können ...

Vom herzlichen Empfang sichtlich gerührt: Christian Hock.

Anfang von etwas ganz Neuem

Was nichts daran änderte, dass die Enttäuschung am 5. Mai 2002 nach dem um 16.52 Uhr ertönten Schlusssignal gewaltig und nicht unmittelbar auf Knopfdruck zu verscheuchen war. »Brutaler Sturz vom Aufstiegsrang« lautete die Überschrift in der Montag-Ausgabe der »Mainzer Rhein-Zeitung«. Doch schon nachdem der erste hammerharte Schock verdaut und die ersten Tränen getrocknet waren, die laut Christof Babatz bei ihm und seinen Spielerkollegen gleich literweise geflossen waren, sah das Bild nicht mehr gar so trüb und düster aus, rührten sich bereits wieder frische Lebensgeister. »Die Niederlage war zugleich der Anfang von etwas ganz Neuem«, orakelte Jürgen Klopp, »wir haben eine tolle Truppe, es geht konkret weiter.« Und: »Es war ein tolles Jahr, trotz allem. Und nur wer sich hohe Ziele setzt, der kann auch tief fallen.« Dennis Weiland räumte zwar ein, dass es »einige Zeit brauche, um das zu verkraften«, doch dann »werden wir wieder angreifen«. Zunächst

Rot-Weiße 05-Unterstützung im Stadion an der »Alten Försterei« in Berlin-Köpenick für die Mainzer Mannschaft.

abschalten wollte auch Torwart Dimo Wache, um sich danach jedoch konzentriert »auf die neue Saison vorzubereiten«.

Wir kommen wieder

Und dabei bedürfe es keiner zusätzlichen Überzeugungsarbeit: »Diese Mannschaft muss gar nichts mehr zusammenschweißen.« Nicht anders Babatz, der in der 56. Minute mit einem angeblichen Foul an Chifon den zum 1:0 für die Spree-Athener führenden Strafstoß verursacht hatte: »Wir sind eine starke Truppe und kommen nächstes Jahr wieder.« Dieser letztlich vorentscheidende Elfmeter hatte zuvor die Gemüter der Rheinhessen erhitzt. Zu Recht, denn: er war keiner. »Eine absolute Fehlentscheidung«, wetterte Klopp, »das zieht einem die Schuhe aus.« Und der Mainzer Trainer erinnerte überdies daran, dass eine Woche zuvor der Unparteiische beim Match Bochum – Union einen zunächst verhängten Strafstoß nach Rücksprache mit einem seiner Assistenten an der Seitenlinie zurückgenommen hatte. Babatz sarkastisch: »Ich sage sonst nichts über Schiedsrichter, doch hier sage ich mal schönen Dank ...«
Zwar kam der als Rangzweiter mit zwei Punkten Vorsprung auf Platz vier angereiste Gast, der von rund 3000 Fans in über 20 Sonderbussen, per Flugzeug, Bahn oder Pkw begleitet und stimmgewaltig unterstützt wurde, durch den wegen seiner vorherigen Oberschenkelzerrung erst nach 63 Minuten eingewechselten Blaise Nkufo bald darauf zum Einstand (70.). Der zum Aufstieg gereicht hätte. Doch als die Gutenbergstädter danach ihren zuvor ausgeübten Druck unverständlicherweise wieder abbauten, kehrten die schon zuvor hochmotivierten und -engagierten »Eisernen« ins Spiel zurück. Die Folge: 2:1 durch einen Sonntagsschuss von Vidolov in Minute 82, das die Nullfünfer aus den Aufstiegsrängen kegelte, da die Mitbewerber Bielefeld und Bochum zur gleichen Zeit in Führung lagen und damit um einen Punkt an Mainz vorbeizogen. Daran änderte sich nichts mehr. Das 3:1 in der 88. Minute bildete lediglich den traurigen Schlusspunkt einer dramaturgisch ungemein wechselvollen Partie zwischen Himmel und Hölle, die bedauerlicherweise von außen unangenehm hochgejazzt worden war.
Denn nachdem einige Berliner Boulevard-Blätter in der Woche vor dem Finale furioso angebliche Klopp-Äußerungen über die Elf aus Köpenick anlässlich des Hinspiels am Bruchweg zitiert hatten (»Klopper-Truppe«), war die Atmosphäre im Stadion »An der Alten Försterei« auffällig feindselig, aggressiv, teilweise sogar hasserfüllt. Klopp (»Ich habe kein Wort davon gesagt«) und seine Mannen bekamen das von den einheimischen Anhängern unter den 14001 Zuschauern derart nachhaltig zu spüren, dass sogar Union-Präsident Heiner Bertram dem »sympathischen Verein Mainz 05« verbale Schützenhilfe leistete.

Geplatzt wie eine Seifenblase

Er bedeutete nach dem vergebenen Matchball für die Rheinhessen allerdings noch nicht einmal ein Trostpflästerchen. »Eine riesengroße Enttäuschung« empfand 05-Vereinschef Harald Strutz, »absolute Leere« sein Vize

Die möglicherweise entscheidende Szene des Spiels: Michael Thurk (rechts) scheitert in der 32. Minute mit einer Direktannahme aus kurzer Distanz an Union-Torwart Sven Beuckert – es wäre das 1:0 gewesen ...

Jürgen Doetz. »Der Bundesliga-Aufstieg war immer ein Traum, eine Vision. Wenn man dann so nah dran war wie wir, und alles platzt wie eine Seifenblase, tut es sehr weh«, offenbarte Manager Christian Heidel mit von Tränen rotumrandeten Augen, »wir sind einer der traurigsten, unglücklichsten Nichtaufsteiger – doch dafür können wir uns nichts kaufen.« Ministerpräsident Kurt Beck, der das 05-Aufgebot am Abend trotz der »absoluten Katerstimmung« (Klopp) in die Berliner Landesvertretung zu einem Empfang eingeladen hatte, zeigte sich gleichfalls »enttäuscht und betroffen« und hatte so seine Zweifel an der Gerechtigkeit. Dem schloss sich indirekt Jürgen Klopp an, der das zweite Scheitern im Aufstiegskampf nach dem 11. Juni 1997 in Wolfsburg (4:5) in der ersten Reaktion als »Katastrophe« charakterisierte, weil sein Team den Einzug ins Fußball-Oberhaus »zu hundert Prozent verdient gehabt hätte«. Nicht anders sah es auch der frühere langjährige Kapitän Charly Mähn, der den Aufstieg als »absolut verdient« verstanden hätte und seinem alten Klub insgesamt eine »phänomenale Entwicklung« und »sehr gute Arbeit« attestierte.

Es gibt Schlimmeres

Wirft man einen Blick auf die nunmehr schon längst der Vergangenheit angehörenden 34 Spieltage, wäre es wohl in der Tat nicht unbillig oder unangemessen gewesen, wenn Mainz 05 in der Saison 2002/2003 den neuen Meister Borussia Dortmund, Bayer Leverkusen und Bayern München am erheblich gehübschten Bruchweg hätte begrüßen oder die Atmosphäre in der »AufSchalke«-Arena hätte genießen dürfen. Denn: an total 30 Spieltagen belegten die Mainzer einen Aufstiegsplatz, davon zwölfmal in der Poleposition, sie durften sich obendrein mit dem – freilich völlig wertlosen – Titel des »Herbstmeisters« schmücken, um dann beinahe schon fünf Minuten nach zwölf mit leeren Händen ins Bodenlose zu stürzen. »Es gibt viel Schlimmeres im Leben«, relativierte ein nachdenklicher Jürgen Klopp trotz aller Tristesse jedoch schon bald nach dem Abpfiff und erinnerte dabei unausgesprochen an die erst wenige Tage alte Tragödie in der Mainzer Partnerstadt Erfurt mit 17 Toten. Dieser Einsicht kann man sich nur anschließen.

»Am Ende haben wir nur noch gedacht, hoffentlich pfeift der Schiedsrichter bald ab.«

Steckbriefe

Jürgen Klopp

Cheftrainer
geboren am 16. Juni 1967
Größe: 1,91 m
Gewicht: 81 Kilo
bei Mainz 05 seit 1990 als Spieler
seit 2001 als Trainer
vorherige Vereine:
als Spieler RW Frankfurt,
Viktoria Sindlingen

Zeljko Buvac

Co-Trainer
geboren 13. September 1961
Größe: 1,92 m
Gewicht: 82 Kilo
bei Mainz 05 seit 2001
vorherige Stationen als Trainer:
SC Neukirchen,
als Spieler:
SC Neukirchen, Mainz 05,
RW Erfurt, Bana Luka

Stephan Kuhnert

Torwarttrainer
geboren am 7. September 1960
Größe: 1,88 m
Gewicht: 80 Kilo
bei Mainz 05 seit 1987 als Spieler
seit 1996 als Co-Trainer
vorherige Vereine als Spieler:
Wormatia Worms, KSV Baunatal

Dimo Wache

Tor
Rückennummer 1
geboren am 1. November 1973
Größe: 1,94 m
Gewicht: 95 Kilo
bei Mainz 05 seit 1995
Lizenzspieler,
vorherige Vereine:
Borussia Mönchengladbach,
Bayer Leverkusen, VfB Oldenburg,
VfL Brake

»Unser Kapitän und ruhender Pol der Mannschaft«*

**Die beigefügten Zitate zu den »technischen« Daten der 05-Spieler sind persönliche Charakterisierungen und Einschätzungen eines profunden Fach- und Sachkenners – nämlich: von Manager Christian Heidel, unter dessen Federführung all diese Akteure verpflichtet wurden.*

»Unser ›Chaot‹ hat sich sehr positiv verändert. Die Aussetzer bleiben aus. Riesentalent. Hat die Zukunft vor sich«

Tor
Rückennummer 29
geboren am 11. Januar 1980
Größe: 1,90 m
Gewicht: 93 Kilo
bei Mainz 05 seit 2000
Vertragsamateur
vorherige Vereine:
RW Essen, Schalke 04,
SC Buer-Hassel

Christian Wetklo

Tor
Rückennummer 23
geboren am 13. Oktober 1970
Größe: 1,85 m
Gewicht: 80 Kilo
bei Mainz 05 seit 2000
Vertragsamateur
vorherige Vereine:
SV Wehen, SC Neukirchen,
Hessen Kassel, KSV Baunatal,
Olympia Kassel

»Ein zweiter Torwart und Partner für Dimo, wie man sich ihn nur wünschen kann. Könnte jederzeit im Tor stehen«

Sven Hoffmeister

Peter Neustädter

Abwehr
Rückennummer 5
geboren am 16. Februar 1966
Größe: 1,86 m
Gewicht: 87 Kilo
bei Mainz 05 seit 1994
Vertragsamateur
vorherige Vereine:
Chemnitzer FC, Karlsruher SC,
Spartak Wladikawkas,
Dnjepr Djnepropetrowsk.

»Ein Stück Mainz 05. Wir haben ihm sehr viel zu verdanken«

Sven Christ

Abwehr
Rückennummer 6
geboren am 9. Dezember 1973
Größe: 1,83 m
Gewicht: 80 Kilo
bei Mainz 05 seit 2001
Lizenzspieler
vorherige Vereine:
Lausanne Sports,
FC Aarau, Grasshoppers Zürich,
FC Grenchen, FC Biel

»Hat viel Pech gehabt in diesem Jahr. Rote Karte, Verletzung, Krankheit. Hat aber immer seinen Mann in der Defensive gestanden«

Robert Nikolic

Abwehr
Rückennummer 18
geboren am 1. August 1968
Größe: 1,79 m
Gewicht: 76 Kilo
bei Mainz 05 seit 2000
Lizenzspieler
vorherige Vereine:
Darmstadt 98, Mainz 05, KFC Uerdingen, RW Oberhausen, FC St. Pauli, Borussia Dortmund, Bayer Leverkusen, Bonner SC

»Unser ›Goalgetter‹. Hat sich im zweiten Anlauf durchgesetzt. Alle gönnen ihm ein Tor«

Abwehr
Rückennummer 26
geboren am 27. September 1970
Größe: 1,89 m
Gewicht: 85 Kilo
bei Mainz 05 seit 2000
Lizenzspieler
vorherige Vereine:
Spvgg. Au, SSV Ulm, MSC Pe´cs

»Könnte im Film Schwarzenegger doubeln. Unerbittlich im Zweikampf, schont sich selber auch nie«

Tomasz Bodog

»Riesenverlust für Mainz 05. Toller Fußballer, toller Typ, der uns krankheitsbedingt leider verlässt«

Abwehr
Rückennummer 28
geboren am 2. Juni 1969
Größe: 1,72 m
Gewicht: 67 Kilo
bei Mainz 05 seit 1999
Lizenzspieler
vorherige Vereine:
Segesta Sisak, NK Zagreb,
Croatia Zagreb, Dinamo Zagreb

Vjekoslav Skrinjar

Manuel Friedrich

Abwehr
Rückennummer 34
geboren am 13. September 1979
Größe: 1,88 m
Gewicht: 78 Kilo
bei Mainz 05 seit 1994
Lizenzspieler
vorheriger Verein:
SG Guldental 07

»Der Aufsteiger des Jahres mit großer Zukunft und großem 05-Herz«

Markus Schuler

Abwehr und Mittelfeld
Rückennummer 21
geboren am 1. August 1977
Größe: 1,84 m
Gewicht: 78 Kilo
bei Mainz 05 seit 2000
Lizenzspieler
vorherige Vereine:
Fortuna Köln, FC Donaueschingen,
FC Neustadt, FC Löffingen

»Von der Ersatzbank der Kölner Fortuna zum Stammspieler bei uns. Hat noch mehr Potenzial«

Sandro Schwar

»In jungen Jahren schon zur Führungsfigur gereift. Brennt vor Ehrgeiz«

Mittelfeld
Rückennummer 4
geboren am 17. Oktober 1978
Größe: 1,86 m
Gewicht: 82 Kilo
bei Mainz 05 seit 1995
Lizenzspieler
vorherige Vereine:
SV Ginsheim,
SV Bischofsheim 07

Torsten Liebknecht

Mittelfeld
Rückennummer 8
geboren am 1. August 1973
Größe: 1,74 m
Gewicht: 68 Kilo
bei Mainz 05 seit 1995
Lizenzspieler
vorherige Vereine:
SV Waldhof, 1. FC Kaiserslautern, SC Freiburg, SSV Ulm, SB Heidenheim, SV Auernheim

»Obgleich kaum berücksichtigt, hat er sich immer loyal verhalten. Hut ab und viel Glück für die Zukunft!«

Jurgen Kramny

»Unser Schwabe wurde mit 30 noch Führungsspieler dank Kloppo«

Mittelfeld
Rückennummer 14
geboren am 18. Oktober 1971
Größe: 1,82 m
Gewicht: 77 Kilo
bei Mainz 05 seit 1997
Lizenzspieler
vorherige Vereine:
1. FC Saarbrücken, 1. FC Nürnberg, VfB Stuttgart, Spvgg. Ludwigsburg

Dennis Weiland

Mittelfeld
Rückennummer 9
geboren am 30. August 1974
Größe: 1,78 m
Gewicht: 70 Kilo
bei Mainz 05 seit 2001
Lizenzspieler
vorherige Vereine:
VfL Osnabrück, Arminia Hannover,
RW Oberhausen, Borussia Dortmund,
Spfr. Recklinghausen, Hannover 96,
Germania Grasdorf

»Riesentechniker mit Tordrang«

Christian Hock

»Der Taktiker. Beherrscht Laufwege vom 4-4-2 im Schlaf«

Mittelfeld und Angriff
Rückennummer 11
geboren am 11. April 1970
Größe: 1,73 m
Gewicht: 73 Kilo
bei Mainz 05 seit 1994
Lizenzspieler
vorherige Vereine:
Borussia Mönchengladbach,
Viktoria Aschaffenburg,
Eintracht Frankfurt

Adrian Spyrka

»Adi hatte die Seuche in diesem Jahr, Verletzungen«

Mittelfeld
Rückennummer 15
geboren am 1. August 1967
Größe: 1,85 m
Gewicht: 85 Kilo
bei Mainz 05 seit 1996
Lizenzspieler
vorherige Vereine:
SG Wattenscheid, RW Essen,
1. FC Köln, Stuttgarter Kickers,
1. FC Saarbrücken,
Borussia Dortmund

Mittelfeld
Rückennummer 19
geboren am 3. September 1974
Größe: 1,78 m
Gewicht: 79 Kilo
bei Mainz 05 seit 2000
Lizenzspieler
vorherige Vereine:
Hamburger SV, Hannover 96,
TSV Schulenberg,
Germania Grasdorf

»Für seinen Schuss braucht er einen Waffenschein. Der Schrecken aller Freistoßmauern«

Christof Babatz

Niclas Weiland

Mittelfeld
Rückennummer 22
geboren am 22. Juli 1972
Größe: 1,80 m
Gewicht: 71 Kilo
bei Mainz 05 seit 2001
Lizenzspieler
vorherige Vereine:
TB Berlin, RW Oberhausen,
FC St. Pauli,
Germania Grasdorf

»Überall einsetzbar. Sehr wichtig für die Mannschaft«

Mittelfeld
Rückennummer 24
geboren am 11. Oktober 1978
Größe: 1,85 m
Gewicht: 78 Kilo
bei Mainz 05 seit 1997
Lizenzspieler
vorheriger Verein:
TV Mainz 1817

»Einer aus dem eigenen Bereich, der Profiluft schnuppert. Wird mit seinem Willen seinen Weg gehen«

Dennis Probst

Blaise Nkufo

Angriff
Rückennummer 7
geboren am 25. August 1975
Größe: 1,88 m
Gewicht: 82 Kilo
bei Mainz 05 seit 2000
Lizenzspieler
vorherige Vereine:
FC Luzern,
Grasshoppers Zürich,
FC Lugano, Lausanne Sports,
Yverdon Sports,
Al-Arabia Doha

»Der ›Ballhalter‹ und ›Professor‹, macht sich ab und zu viele Gedanken. Ein Glücksgriff. Teuerster Einkauf der Vereinsgeschichte«

Andrej Voronin

Angriff
Rückennummer 20
geboren am 21. Juli 1979
Größe: 1,79 m
Gewicht: 75 Kilo
bei Mainz 05 seit 2000
Lizenzspieler
vorherige Vereine:
Borussia Mönchengladbach,
Tschemomorez Odessa

»Für 60000 Mark aus Gladbach geholt. Hat eine große Zukunft vor sich, wenn er auf dem Boden bleibt. Mit Manuel Friedrich der Aufsteiger des Jahres«

Michael Thurk

Angriff
Rückennummer 27
geboren am 28. Mai 1976
Größe: 1,77 m
Gewicht: 65 Kilo
bei Mainz 05 seit 1999
Lizenzspieler
vorheriger Verein:
SV Jügesheim

»Einer der letzten echten Straßenfußballer. Hat teilweise instinktiv unglaubliche Ideen auf dem Platz«

Thomas Ziemer

»Blendender Techniker. Viel ruhiger geworden im Vergleich zu früher. Hat uns bei allen Einwechslungen geholfen«

Angriff
Rückennummer 10
geboren am 18. August 1969
Größe: 1,79 m
Gewicht: 75 Kilo
bei Mainz 05 seit 2000
Lizenzspieler
vorherige Vereine:
1. FC Nürnberg,
Hansa Rostock, Mainz 05,
1860 München, FC Hamburg,
MTV Fürth

Nana Bediako

Angriff
Rückennummer 13
geboren am 25. August 1977
Größe: 1,80 m
Gewicht: 78 Kilo
bei Mainz 05 seit 1999
Vertragsamateur
vorherige Vereine:
FC Neureut,
Vorwärts Wacker Billstedt

»Großes Talent mit viel Verletzungspech. Seine Zeit kommt noch«

Abdelaziz Ahanfouf

Angriff
Rückennummer 3
geboren am 14. Januar 1978
Größe: 1,84 m
Gewicht: 76 Kilo
bei Mainz 05 seit 2002
vorherige Vereine:
Spvgg. Unterhaching,
Hansa Rostock,
VfB Stuttgart, Kickers Offenbach,
VfB Ginsheim, Eintracht Rüsselsheim

»Der Trainingsrückstand aus Unterhaching war zu groß. Verletzungen und Krankheit kamen dazu. Trotzdem: Der hat was«

„Konto ohne Kosten!"
>> Günstiger als umsonst geht nicht: MVB-o.K. – Ihr neues privates Girokonto ohne Kosten <<
Verlangen Sie Ihr MVB-o.K.-Konto in jeder MVB-Zweigstelle oder rufen Sie einfach MVBdirekt unter Tel. (0 18 02) 22 61 48 an.
Ihr Anruf kostet bundesweit nur 6 Cent.
Mo. - Fr. 8.00 - 22.00 Uhr
Samstag 9.00 - 16.00 Uhr
Sonntag 10.00- 14.00 Uhr
MVB
MAINZER VOLKSBANK EG
BANKCARD online
JOHANNES GUTENBERG
Konto-Nr.
123456789
Karten-Nr.
0000000
Maestro
passt!
MVB
MAINZER VOLKSBANK EG

Highlights

»Wenn man ein großes Ziel erreichen will, führt das nie über einen einfachen Weg.«

Ein glückliches Ende, das der Anfang war

Wie die Erfolgssaison 2001/2002 begann

Kollektiver Jubel bei Präsident Harald Strutz, Jürgen Klopp und Christof Babatz.

Wenn man eine Saison aufarbeiten will, muss man in der Regel zu ihren Anfängen zurückkehren. Im aktuellen »Fall« Mainz 05 genügt das nicht; denn: das – leider auf der Ziellinie gescheiterte – Fußball-Wunder vom Bruchweg hatte schon gegen Ende der Vorsaison begonnen.

Erinnern wir uns: Das späte Happy End in der zurückliegenden Runde hatte das angeknackste Selbstwertgefühl am Bruchweg zwar wieder aufgerichtet. Und Präsident Harald Strutz hatte, mit Bestimmtheit im Namen der gesamten 05-Sippe, mit Blick auf die Saison 2001/2002 bereits Mitte Juni unmissverständlich postuliert: »Wir wollen nicht mehr gegen den Abstieg spielen.« Jung-Trainer Jürgen Klopp ließ erst gar keine Zweifel an seinen Ambitionen aufkommen: »Ich will jedes Spiel gewinnen, daran lasse ich mich messen. Der Leistungsspielraum nach oben ist extrem groß.« Schränkte zugleich jedoch ein: »Wunderdinge dürfen wir aber keine erwarten. Eventuell sagen wir am Ende, wenn wir Platz acht erreicht haben: das ist ein Super-Erfolg.« Konkret auf eine angepeilte Platzierung mochte sich auch Kapitän Dimo Wache nicht festlegen: »Ich halte es eher wie der Trainer: Wir wollen jedes Spiel gewinnen.« Die Vokabel »Aufstieg« geisterte möglicherweise hier und dort im Hinterkopf – im

Die Hände zum Himmel: Manuel Friedrich, Sven Demandt, Sandro Schwarz, Sven Christ, Michael Thurk und Christof Babatz einmal mehr in Siegerpose.

Munde führte sie gleichwohl niemand, wurde sie vielmehr über eine gaaaanz ausgedehnte Distanz gleichsam zum Unwort erklärt. Zumindest offiziell oder öffentlich. Allzu nachhaltig wirkte mutmaßlich noch die Erinnerung an die überwiegenden Pech-und-Pleiten-Jahre der Vergangenheit mit dem (nahezu) ständigen Stolpern am sportlichen Abgrund. Und, die gab es nämlich auch, hallten womöglich gleichfalls die jeweils hämischen Kommentare der unvermeidlichen Heckenschützen nach. »Die Saison wird schon am Anfang entschieden«, wagte Strutz, im Dezember 2000 zum stellvertretenden Vorsitzenden der neu gegründeten Deutschen Fußball-Liga (DFL) gewählt, schließlich eine zusätzliche Prognose. Sie stimmte im Grunde – bis dann der letzte Spieltag kam …

Trainingslager »Aselager Mühle«

Aber der Reihe nach. Denn zunächst war da die – sechswöchige – Vorbereitungsphase, und die führte das Aufgebot u. a. vom 28. Juni bis 8. Juli ins Trainingslager »Aselager Mühle« in der Nähe von Herzlake, unweit der Grenze zu den Niederlanden. An Klopps Seite dabei und fortan sein früherer Teamgefährte Zeljko Buvac (1992–95) als Co-Trainer – Stephan Kuhnert übernahm stattdessen wieder das Torwart-Training. Der mit einer Fußballlehrer-Lizenz ausgestattete Bosnier kehrte mit einem Zweijahres-Vertrag zu Saisonbeginn vom hessischen Oberligisten SC Neukirchen zurück, den er zuletzt verantwortlich gecoacht hatte. »Das ist die perfekte Lösung, denn Zeljko hat auch schon als Spieler immer über den Tellerrand hinausgeschaut«, sah »Kloppo« dem Zusammenwirken mit dem inzwischen 40-Jährigen erwartungsfroh entgegen. Optimismus auch bei dem Ex-Profi: »Ich habe ein Supergefühl, weil ich Kloppo kenne und weil ich mit so vielen erfahrenen und ehrgeizigen Spielern zusammenarbeiten kann.«

Die Vorbereitungsspiele

Neuzugänge an Bord gleichfalls die Brüder Dennis und Niclas Weiland vom VfL Osnabrück bzw. von Tennis Borussia Berlin, der Schweizer Nationalspieler Sven Christ vom FC Lausanne sowie, aus den eigenen (Amateur-)Reihen, Nana Bediako und Dennis Probst (nach der Winterpause wurde noch der Marokkaner Abdelaziz Ahanfouf von der Spvgg. Unterhaching verpflichtet). Neu auch die Partnerschaft – als einziger Zweitligist – mit Lotto (Drei-Jahres-Vertrag), in der Spielkleidungs-Ausstattung als

Chance vergeben: Andrej Voronin ärgert sich (fast) schwarz.

Nachfolger von Umberto, das vier Jahre lang Ausrüster der Rheinhessen war. Der neue Haupt- und Trikotsponsor anstelle des Ende 2000/2001 ausgeschiedenen Mainzer Reinigungs- und Pflegemittelherstellers Erdal Rex wurde mit der Amadeus AG erst am 14. August vorgestellt (s. gesonderten Beitrag).

Hansa Rostock und Südwest-Derby

Nach einigen Tests zum Auftakt im malerischen Emsland folgten nach der Rückkehr in heimische Gefilde gegen zwei Bundesligisten echte Bewährungsproben. In Nieder-Olm wurde der FC Hansa Rostock am 13. Juli dank eines Schwarz-Tores mit 1:0 bezwungen, ehe es vier Tage später am Bruchweg zum Kräftemessen mit dem 1. FC Kaiserslautern kam. »Für uns ist es so eine Art Saisoneröffnung mit unseren Fans. Schon deshalb ist dieses Spiel etwas Besonderes«, ordnete Klopp das Südwest-Derby ein. Sandro Schwarz traf zwar auch gegen die Pfälzer (zum 1:0), die vor 4500 Zuschauern letztlich aber mit 2:1 (zweimal Pettersson) das bessere Ende für sich hatten. Ein Gewinner auf Seiten der Hausherren war Linksfuß Markus Schuler: der »gelernte« Mittelfeldmotor lieferte auf der linken Seite der Vierer-Abwehrkette eine famose Leistung ab – ein richtungsweisender Auftritt für den Saisonverlauf.

Zum Auftakt: Alemannia Aachen

Tja, und dann wurde es ernst. Zweitliga-Auftakt am 29. Juli bei Alemannia Aachen. »Wenn wir das zeigen, was wir trainiert haben, fällt mir nicht ein Grund ein, warum wir nicht gewinnen sollten. Wir fahren dahin, um die maximale Punktzahl zu holen.« So weit der Motivator und Psychologe Jürgen Klopp im Vorfeld, der überdies grundsätzlich forsch versprach: »Wir werden, im positiven Sinne, auswärts genauso auftreten wie zu Hause. Wir machen doch unsere Taktik nicht von irgendeiner Stadt oder der sonstigen Umgebung abhängig.« Und dann passte zum Auftakt wirklich alles, verließ das Mainzer Aufgebot, anders als in den Jahren zuvor, den gefürchteten Tivoli als 2:0-Sieger. Ein bisschen glücklich zwar, aber wer fragt bekanntlich nach ein paar Wochen noch danach? Klopp selbst bewies ebenfalls ein glückliches Händchen. Denn in der 77. Minute wechselte er Andrej Voronin und Dennis Weiland ein – und die »bedankten« sich dafür prompt: der Ukrainer legte Weiland in der gleichen Minute mit dem Kopf auf, und der Ex-Osnabrücker vollstreckte mit seiner ersten Ballberührung zum 1:0. Nur 180 Sekunden später bereitete abermals Voronin auch das 2:0 durch Blaise Nkufo vor. »Wenn ich solche Spielerwechsel in die nächsten 25 Jahre meiner Trainerkarriere rübernehmen könnte, wäre das nicht schlecht«, juxte Klopp, der die Wichtigkeit der erfolgreichen Saison-Premiere zwar bestätigte, zugleich jedoch auch verdeutlichte: »Wir hätten auch weitergemacht, wenn wir verloren hätten.« Dass letztgenannte Vorstellung nicht unrealistisch war, räumten die Vorständler Christian Heidel (»Wir hatten schon ein bisschen Glück«) und Peter Arens (»Das Spiel stand auf der Kippe«) ein.

OB »sehr überrascht«

Immerhin 6500 Besucher passierten eine Woche später die Tore des Bruchwegstadions beim ersten Heimspiel 2001/2002 – und sie brauchten es nicht zu bereuen. Auch gegen den Bundesligaabsteiger aus Unterhaching lautete es nach 90 Minuten 2:0, so dass Strutz strahlte: »So etwas haben wir uns gewünscht, wir haben bewiesen, dass die Zuschauer bei uns gute Spiele sehen können.« Das fand auch der Erste Bürger der Stadt Mainz, denn OB Jens Beutel gestand schon zur Pause, in die Klopps Ensemble mit Beifall von den Rängen begleitet worden war: »Ich bin doch sehr überrascht.« Der Trainer war's schließlich auch zufrieden: »Mir hat es Spaß gemacht, dieses Spiel zu sehen.« Und schickte eines seiner typischen Schmankerl hintendrein: »Bei den 6500 Zuschauern, die uns sehr geholfen haben, möchte ich mich bedanken. Den 7000, die zu Hause geblieben sind, möchte ich sagen, dass sie etwas verpasst haben.«

Getroffen: Torschütze Michael Thurk (rechts) lässt sich von Blaise Nkufo feiern.

Auf dem richtigen Weg

Vizepräsident Arens machte keinen Hehl daraus, es »einfach mal zu genießen, dass wir so gut gestartet sind«, für übermütige Träumereien ließen die 05-Realos freilich keinen Raum. Allzumal in diesem frühen Stadium der Spielzeit nicht. »Klopp« sprach lediglich von bislang sechs Punkten gegen den Abstieg, wie auch Manager Heidel betonte: »Bei uns gibt es nicht die Spur von Euphorie. Es herrscht in Verein und Mannschaft die absolute Normalität.«
Der absoluten Normalität entsprach im Prinzip auch die erste Saisonniederlage, die nach den beiden Auftakt-Dreiern mit 1:2 beim VfL Bochum unter Flutlicht kassiert wurde. Denn die Ruhrpottler galten nicht nur bei Heidel als der »absolute Topfavorit der Liga«. Auch Klopp war sich sicher: »Die werden am Ende der Saison ganz vorn stehen und aufsteigen.« Dennoch war er zugleich überzeugt: »Auch gegen so einen Gegner ergeben sich Chancen, das eigene Spiel durchzudrücken. Die müssen wir nützen.« Diese Einschätzung war vollauf richtig – was im Ruhrstadion allein nicht stimmte, war die Verwertung hochkarätiger Chancen. Ansonsten führten die Gutenbergstädter den Bundesligaabsteiger nach dem frühen Führungstor von Michael Thurk (7.) regelrecht vor, so dass VfL-Trainer Bernard Dietz später eingestand: »Die ersten 30 Minuten waren für mich ein Albtraum.« Doch der Gala-Auftritt der Mainzer wurde nicht belohnt, sondern bitter bestraft: zwei Treffer des Dänen Graulund kurz vor dem Pausensignal kippten die Partie, die dennoch auch nach dem Wiederanpfiff mehr oder minder vom Gast dominiert wurde. Christof Babatz: »Wenn man sieht, was wir an tausendprozentigen Chancen herausgespielt haben, dann mussten wir klar gewinnen.«
»So eine unverdiente Niederlage habe ich selten erlebt, wir haben sie teilweise an die Wand gespielt«, schnaufte Heidel nach der Begegnung. »So ungerecht kann es zugehen. Ich bin normalerweise kein schlechter Verlierer«, machte auch Jürgen Klopp aus seinem Herzen nicht die berühmte Mördergrube, »aber heute hätte ich schon gern Punkte mitgenommen.« Trotz aller Enttäuschung bestand für den 05-Coach kein Grund, in abgrundtiefen Schmerz oder Selbstmitleid zu verfallen. Zum einen mache er der Mannschaft wegen der vielen vertanen Chancen keinen Vorwurf – und die Niederlage bedeute zudem keinen Weltuntergang: »Das war kein Rückschlag, sondern eine Etappe. Wir sind auf dem richtigen Weg, diesen Stil ziehen wir durch. Nur das letzte Bisschen hat gefehlt.«

Blaise Nkufo (rechts) im Duell mit KSC-Keeper Thomas Walter.

Ein Glücksfall für Mainz 05

Worüber intern zwar bereits Übereinstimmung bestand (Heidel: »Wir sind uns mit Jürgen Klopp schon lange einig gewesen«), aber was formal noch gefehlt hatte, war bis dahin das Festschreiben des weiteren Arbeitsverhältnisses mit Klopp. Am 10. August 2001 gab der Verein, der im April die Lizenz für die neue Saison praktisch ohne Auflagen erhalten hatte, die Prolongierung des bis 30. Juni 2002 befristeten Vertrags mit dem Schwaben um ein weiteres Jahr bekannt. »Jürgen Klopp ist ein Glücksfall für Mainz 05«, wand Harald Strutz seinem leitenden Angestellten einen Lorbeerkranz, »die Zusammenarbeit zwischen Trainer, Mannschaft und Verein ist einfach optimal«.

Schneller am Ball: Jürgen Kramny.

1:0 gegen Aufsteiger Karlsruhe

Optimal ging es nach dem unglücklichen Ausrutscher in Bochum sportlich weiter, optimaler ging es nimmer. Oder kaum. Dem mühevollen 1:0 am Bruchweg gegen Aufsteiger Karlsruhe, das nach dem zweiten Spieltag erneut mit dem Vorstoß auf Platz zwei verbunden war (ein Punkt hinter Spitzenreiter Eintracht Frankfurt), folgte fast schon obligatorisch und gebetsmühlenartig der Hinweis auf die allem voran angestrebte Klassensicherung. Klopp: »Wir denken von Spiel zu Spiel – bis wir die 40 Punkte haben.« Oder Sandro Schwarz: »Solche Spiele musst du gewinnen, dann hast du gute Karten, so schnell wie möglich auf 40 Punkte zu kommen.« Die vielberufene, seligmachende 40-Punkte-Marke.

Bärenstarke Hannoveraner

»Das war ein absolut erstklassiges Zweitligaspiel«, urteilte Heidel nach dem leistungsgerechten 2:2 im nächsten Match gegen die bärenstarken, noch ungeschlagenen Hannoveraner, die am Bruchweg zweimal vorgelegt hatten. »Da Hannover sicher eine Spitzenmannschaft ist, ist dieses Resultat umso schöner für unsere Mannschaft«, legte der 05-Manager nach. Und: »Ich habe nicht umsonst auf Hannovers Aufstieg getippt.« Eine, wie es sich weisen sollte, lupenreine sachkundige Vorhersage. Auch Klopp konnte »mit dem Punkt gut leben«, während Klub-Boss Strutz »begeisterte, dass wir hier inzwischen auch so eine tolle fußballerische Qualität präsentieren können«. Einer ärgerte sich an jenem Abend des 7. September freilich: Ralf Rangnick. Den 96-Trainer störten »zu viele Standards« gegen seine Elf, die beide Mainzer Treffer im Anschluss an Freistöße schlucken musste. Trockener Klopp-Konter: »Ich finde Tore aus Standards nicht so schlimm, dafür trainieren wir das ja oft genug.« Und dies, wie sich im weiteren Verlauf der Runde zeigen sollte, mit bemerkenswertem Erfolg.

Erster Sieg im Niederrheinstadion

Der wehte dann am sechsten Spieltag mit Verzögerung ins Haus. Denn: nachdem das Klopp-Team seine Auswärtsaufgabe in Oberhausen am Freitagabend (14. September) mit 3:1 gelöst und damit zugleich den allerersten Sieg im Niederrheinstadion gefeiert hatte, spielte Eintracht Frankfurt dem benachbarten Rivalen zusätzlich in die Karten. Die Hessen kassierten montags im heimischen Waldstadion mit dem 0:2 gegen Bielefeld nicht nur die erste Saisonschlappe, sondern büßten darüber hinaus die Tabellenführung an die punktgleichen (jeweils 13 Zähler), aber um ein Tor besseren (11:5 gegenüber 10:5) Nullfünfer ein.

Ahlen überzeugend abgebügelt

Wiederum nur ein Pünktchen dahinter tummelte sich Ahlen auf Rang drei, so dass dessen Gastspiel am 22. September in der Fastnachts-Hochburg erneut zu einem Hit geriet. Und einmal mehr in Geberlaune, bügelten die glänzend aufgelegten Hausherren den Gast nach 0:1-Rückstand mit 5:1 ab, wobei das wenige Tage zuvor 22 Lenze jung gewordene Eigengewächs Manuel Friedrich mit dem Treffer zum 4:1 sein erstes Pflichtspieltor für die

Strahlen um die Wette: Christian Hock, Manuel Friedrich und Vjekoslav Skrinjar (von links).

Nullfünfer erzielte. Bei konsequentem Ausnutzen sämtlicher Chancen – Jürgen Kramny vergab sogar einen Handelfmeter – wäre sogar ein zweistelliges Ergebnis möglich gewesen. Entsprechend aus dem Häuschen waren die Verantwortlichen. »Ein absolutes Klassespiel«, schwärmte Harald Strutz, »ich kann mich kaum an etwas Besseres erinnern« Christian Heidel. Jürgen Klopp dagegen hielt den Ball gewohnt flach, nachdem er sein Team zunächst dafür gesondert belobigt hatte, dass es erneut einen 0:1-Rückstand mehr als wettgemacht hatte (»Da sieht man, welche Moral in der Truppe steckt.«). »Alle unsere Erfolge sind nachvollziehbar«, dozierte der Sportwissenschaftler, der aufgrund von verletzungsbedingten Ausfällen vom bis dahin gepflegten 4-4-2 auf 4-3-3 umschaltete – und auch damit Erfolg hatte. Kapitän Dimo Wache: »Ahlen hatte den dritten Stürmer von uns sicher nicht auf dem Programm, die haben es erst sehr spät bemerkt.«

Tabelle von oben betrachten

Der inzwischen auch bundesweit bestaunte Branchenprimus – so widmete die »Süddeutsche Zeitung« in München dem frechen Underdog aus der »Provinz« unter der Überschrift »Kloppo und die graue Maus« einen recht umfangreichen Beitrag – ließ sich auch in der Folge nicht lumpen, fühlte sich auf dem Platz an der Sonne offenkundig pudelwohl und gewann munter weiter. Blieb ungeachtet dessen aber, wie gehabt, mit beiden Beinen auf der Erde. So relativierte Torschütze Jürgen Kramny nach dem auf schwierigem Geläuf mit einigem Massel erfochtenen 1:0 in Potsdam gegen Babelsberg, wo Gelb-Rot in der 82. Minute für Schwarz die Freude etwas trübte: »Natürlich ist es schön, sich die Tabelle mal von oben zu betrachten. Aber im Grunde schauen wir doch nur nach uns. Dass wir 19 Punkte haben, das ist wichtig. Dass wir Spitzenreiter sind, ist weniger wichtig.«

Fußball-Herrlichkeit im stillen Kämmerlein

In die gleiche Kerbe hieb linientreu erneut auch der Trainer. Klopp, zum x-ten Male auf eventuell neue Zielsetzungen angesprochen: »Alles Quatsch; wir lassen die Kirche schön im Dorf. Aufstiegsfavoriten sind ganz andere Mannschaften. Mit so etwas beschäftigen wir uns am achten Spieltag bestimmt nicht. Ich wüsste nicht, dass nach acht Spieltagen schon mal ein Meistertitel vergeben worden ist. Wenn wir auch nur im Ansatz anfangen, uns in unseren Punkten zu suhlen, ist es vorbei.« Die Tabelle bedeute für ihn allenfalls einen »angenehmen Nebeneffekt.«
Am Bruchweg genoss man die gänzlich neue Fußball-Herrlichkeit bevorzugt im stillen Kämmerlein – mehr nicht. Vorsicht hoch drei blieb, wenigstens in den offiziellen Verlautbarungen, die Mutter der Porzellankiste. Christian Heidel (»Wenn wir nach zwei Dritteln der Saison immer noch da oben stehen, werden wir weitersehen«) verglich allerdings staunend: »In der letzten Saison hatten wir an Fastnacht gerade mal 19 Punkte auf dem Konto. Jetzt ist noch nicht mal der 11. 11., und wir haben schon 19 Punkte.«

Was angesichts der umwerfenden Erfolgsstory noch nicht recht ins Bild passte, war der Zuspruch auf den Rängen. Der sich, gemessen an den Jahren zuvor, mit 7115 nach vier Heimauftritten zwar beachtlich ausnahm, den Klasseleistungen der Klopp-Schützlinge indes (noch) nicht gerecht wurde. Entsprechend richtete Präsident Strutz nach der begeisternden 5:1-Klatsche gegen Ahlen mit erneut nur 6258 Getreuen eine eher lakonische Botschaft an die Adresse der Daheimgebliebenen: »Diejenigen, die heute nicht da waren, werden sich ärgern.« Michael Thurk, der sich wie seine Kollegen keinen Reim auf die unzureichende Resonanz machen konnte, artikulierte sich drastischer: »Wir können die Fans doch nicht ins Stadion prügeln.« Eine schlüssige Erklärung, warum gegen Ahlen weniger Besucher ins Stadion kamen als zuvor in den Matches gegen Unterhaching (6500), Karlsruhe (9000) und Hannover (6701) fiel auch Wache nicht ein. »Vielleicht«, so der Torhüter, »vielleicht haben die Leute noch nicht so das Vertrauen in uns, vielleicht gehen sie auch lieber mit der Schwiegermutter am Samstagnachmittag Kaffee trinken …«

Ein glücklicher Sieg

Zurück zum sportlichen Teil – und der befand sich nach wie vor auf dem Höhenflug. Und, immerhin, versammelten sich in der städtischen Fußballmanege bei der nächsten 05-Hausaufgabe gegen Reutlingen 8088 Zuschauer. Die allerdings mussten heftigst zittern, bis nach einer insgesamt matten Vorstellung (Markus Schuler: »Mit Überheblichkeit hatte das nichts zu tun«) mit einem 2:1 der nächste Dreier unter Dach und Fach war. »Das war ein glücklicher Sieg«, suchte Klopp in für ihn üblicher Offenheit auch nicht nach Ausflüchten. Letztendlich habe man sich den Sieg jedoch verdient, »weil wir mehr für das Spiel getan haben«. Für Strutz ging das Resultat gleichfalls in Ordnung, weil sich die Mannschaft »völlig verausgabt« habe: »Dafür ist sie belohnt worden – das ist absoluter Willensfußball.« Des Präsidenten Vize Jürgen Doetz kam dagegen kaum aus dem Staunen heraus: »Wir sind jetzt schon fünf Punkte vor einem Nichtaufstiegsplatz.« Aha, da war, wenn auch etwas verbrämt, das »böse«

»Abklatschen« nach einem Blattschuss: Markus Schuler, Manuel Friedrich, Tomasz Bodog und Michael Thurk.

Wort Aufstieg, von dem man in 05-Kreisen ansonsten nichts hören mochte. Thurk, Kunstschütze zum 1:0: »Mal sehen, wo wir nach 18 Spielen stehen, dann kann man sich immer noch neue Ziele stecken oder auch nicht.«

Leistung allererster Sahne

Beim SV Waldhof stand zwar erst Spiel Nummer zehn auf dem Programm. Doch da auch diese Hürde mit 4:2 genommen wurde, rückte der Traditionsverein vom Rhein, ob er nun wollte oder nicht, immer stärker in den Kreis der Aufstiegskandidaten auf. Allzumal im Carl-Benz-Stadion eine Leistung allererster Sahne geboten worden war. Die umso höher einzustufen war, als sie ohne den in München an der Leiste operierten Schweizer Nationalstürmer Blaise Nkufo vollbracht wurde. Der 26-Jährige, der wegen der Verletzung auch schon gegen Reutlingen zwangspausierte, fehlte den Gutenbergstädtern noch einige Wochen länger. Ein schmerzliches Handicap, doch Teammanager Axel Schuster mochte nicht jammern: »Wir müssen es nehmen, wie es kommt.«

Augen zu und durch: Andrej Voronin (oben) im erfolgreichen Kopfballduell gegen den Schweinfurter Sprecakovic.

Bilderbuchfußball in Mannheim

Nochmals zum Derby in Mannheim, wo sich unter den 7000 Zuschauern gut deren 2000 aus Mainz tummelten, darunter allein per Sonderzug angereiste 1500. Ihnen bescheinigte Manager Heidel nach den 90 Minuten ebenso »Erstligareife« wie der Mannschaft, die in der Tat Bilderbuchfußball zelebrierte. »So gut habe ich die Mannschaft seit Jahren nicht mehr gesehen«, strahlte Harald Strutz wie ein blitzeblank geputzter Eimer. »Das war eine sensationelle Mannschaftsleistung«, urteilte auch Ex-Trainer Eckhard Krautzun als aufmerksamer Beobachter auf der Tribüne. »Das war überragend, ich bedanke mich bei jedem Einzelnen«, lobte Nachfolger Jürgen Klopp seine Mannen über den berühmten großen Onkel und bedachte den für Nkufo in die Elf gekommenen zweifachen Torschützen Andrej Voronin sogar mit einer Extra-Streicheleinheit: »Er war immer ein herausragendes Talent, jetzt ist er auf dem Weg, ein richtig guter Fußballer zu werden.« Mittlerweile war der Vorsprung des Spitzenreiters auf den Nichtaufstiegsplatz vier auf stattliche sieben Punkte angewachsen – und die nächsten Aufgaben schienen, bei allem Respekt vor den Gegnern, lösbar.

Neuer Rekord: Neunter Sieg im elften Spiel

Und sie wurden gelöst, wobei beim 4:1 gegen den ja nun nicht unbedingt mega-attraktiven Aufsteiger Schweinfurt mit 9800 Zuschauern eine Saison-Bestmarke am Bruchweg registriert wurde. »Das ist eine Atmosphäre, da bekomme ich eine Gänsehaut«, gestand Christian Heidel. Doch es gab noch einen Rekord von ausgesuchter Güte zu verzeichnen: Mit dem sechsten Dreier in Folge und nunmehr total 28 Punkten aus elf Spielen knackten die Mainzer den Startrekord des 1. FC Nürnberg.
Der Altmeister hatte im Vorjahr acht Siege in zehn Begegnungen geschafft; damit zogen die Nullfünfer mit dem 4:2 in Mannheim gleich – das 4:1 gegen Schweinfurt war mithin der neunte Sieg im elften Spiel und so die neue »Duftmarke«. Klopp wiegelte jedoch gleich ab: »Ich glaube nicht, dass das jemanden in der Mannschaft interessiert.«

Optimistische Töne

Ein zusätzlich kleines, aber pikantes Detail der jüngsten Partie am Rande: ausgerechnet der Mitte September bis Rundenende an die Franken ausgeliehene Angreifer Ermin Melunovic hatte den Gast in der 40. Minute in Führung geschossen. Was den – auch fortan sehr treffsicheren – Bosnier nicht an der Überzeugung hinderte, dass die Landeshauptstädter aufsteigen: »Auf jeden Fall.« 05-Chef Strutz kochte da eher weiter auf Sparflamme: »Wir haben erst eine kleine Wegstrecke hinter uns gebracht.« Und der Trainer verkündete: »Noch ist kein Spieler am Limit, es gibt noch massenhaft Dinge zu verbessern. Die Sache wird im Mai entschieden, wir haben jetzt Oktober.« Nach und nach wurden aber auch schon optimistischere Töne angeschlagen. So von Jürgen Kramny, von seinen Mitspielern im Flachs zum »Zar« erhoben: »Wir haben jetzt eine Supertruppe zusammen und müssen uns an den guten Leistungen messen lassen.«
Die war, im dritten Freitagabend-Spiel nacheinander, am 2. November wirklich nicht berauschend, doch nach 90

Wieder einmal Torjubel bei Dennis Weiland, Michael Thurk und Christian Hock (von links).

Zitterminuten wurde auch aus dem Saarbrücker Ludwigspark mit dem knappsten aller Ergebnisse der nächste Dreier mit auf die Heimfahrt genommen. »Dieser Sieg war für mich das schönste Geburtstagsgeschenk«, strahlte der tags zuvor 28 Jahre alt gewordene Kapitän Wache nach dem 1:0 gegen das bravourös fightende Zweitliga-Schlusslicht. »Vor einem Jahr im Abstiegskampf hätten wir so ein Spiel verloren«, meinte Heidel, während der zum Saisonende den Verein verlassende und mit (Amateur-)Trainer-Ambitionen nach Köln zurückkehrende Sportmanager Demandt befand: »Wir haben uns dieses Glück hart erarbeitet.«

Tor des Monats

Nicht zuletzt von den u. a. wieder per Sonderzug und in mehr als Regimentsstärke angereisten Fans gefeierter Held des Abends war Michael Thurk mit seinem spektakulären Siegtor in der 73. Minute. Das sogar derart spektakulär war, dass es später von den ARD-TV-Konsumenten zum »Tor des Monats« gekürt wurde. Und zu den Geschichten, die König Fußball schreibt, gehört auch das Zustandekommen des Tores. Denn: ausgerechnet der nach seiner OP erstmals wieder eingewechselte Nkufo (Klopp: »Über die Qualitäten von Blaise brauchen wir nicht zu reden«) servierte von der linken Seite das Leder, das der »Frankfurter Bub« volley annahm und aus halbrechter Position und schwierigem Winkel unhaltbar in den Winkel schmetterte. »Nein, so eins habe ich sicher noch nicht erzielt«, staunte der damals 24-Jährige selbst und: »In der ersten Halbzeit hatten wir zu wenig Abschlüsse, da habe ich gedacht, ich haue einfach mal drauf.« So einfach ist das also. Weniger Dusel an jenem denkwürdigen Abend hatte Manuel Friedrich, dessen in der Schlussphase an der linken Augenbraue erlittene Platzwunde von Mannschaftsarzt Dr. Klaus Gerlach noch in der Kabine mit vier Stichen genäht wurde. Der Sieg linderte naturgemäß den Schmerz des Youngsters und verhalf zu seiner rascheren Genesung ...

Ein Fußballfest nach dem anderen

Derweil galten die nächsten Gedanken am Bruchweg bereits dem – längst ausverkauften – Rhein-Main-Derby am

Montag, 19. November, gegen die Frankfurter Eintracht, die sieben Zähler hinter dem Klassenbesten aus Mainz auf Platz vier lauerte. »Da lassen wir es richtig knallen«, kündigte der seit 14 Jahren in Frankfurt beheimatete Schwarzwälder Klopp dem Rivalen aus der Bankenmetropole einen heißen Empfang an. »Wir holen uns jetzt jede Woche einen Rekord, für unsere Fans gibt es momentan ein Fußballfest nach dem anderen«, so die Erwartungshaltung von Manager Heidel.

Vornehme Zurückhaltung

Vor dem Anpfiff des brisanten Duells gegen die Riederwälder verdeutlichten in einer Umfrage der Mainzer »Allgemeinen Zeitung« einige Trainer, dass sie dem Klopp-Team sehr wohl den Einzug ins Oberhaus zutrauen. So Benno Möhlmann vom Mitkonkurrenten Arminia Bielefeld: »Mainz wird sich oben halten und um den Aufstieg mitspielen.« Ähnlich sah es Pierre Littbarski vom MSV Duisburg: »Ich glaube, dass sie sich halten.« Oder auch Stefan Kuntz (Karlsruher SC), der die Truppe seines Kollegen Klopp »auf jeden Fall« zu den Bundesligaanwärtern zählte, oder Djuradj Vasic vom Mainzer Namensvetter Schweinfurt 05: »Wer nach zwölf Spieltagen 31 Punkte hat, ist mit Sicherheit ein heißer Aufstiegskandidat.« Der in zahllosen »Schlachten« erprobte Bernard Dietz vom VfL Bochum bekundete zwar gleichfalls hohen Respekt, warnte aber zugleich: »Sicher kommen noch Einbrüche.« Vornehmste Zurückhaltung übte allein Frankfurts Coach Martin Andermatt – und schwieg sich zunächst aus. Dann versagte aber auch der in der Rückrunde von Armin Kraaz abgelöste Eidgenosse dem nächsten Gastgeber nicht seine Hochachtung, um im gleichen Atemzug anzufügen, dass man mit »viel Selbstvertrauen« anreisen werde. Zumal Mainz unter Druck stehe: »Sie haben ein volles Stadion und viel Euphorie, da ist es für die Heimmannschaft nicht leicht zu spielen.« Schließlich und endlich würde es für die Gutenbergstädter »zu einem Selbstläufer«, falls sie den achten Dreier in Serie einfahren würden.

Manuel Friedrich beim Höhenflug: Jürgen Kramny (links) bleibt da nur bewunderndes Staunen.

Klopp und sein Kollektiv

Diese Zielsetzung war auf Seiten der 05er gleichwohl ausgegeben, und Klopp hoffte gar: »Ich hätte große Lust, am Montag das beste Spiel zu sehen, das Mainz 05 jemals gemacht hat.« Und: »Die Mannschaft wird sich von der Stimmung inspirieren lassen. Jeder wird so viel laufen, wie er es noch nie getan hat.« Um sein Kollektiv, mit dem er sich gemeinsam mittwochs abends (14. November) in Dortmund das 4:1 der Nationalelf im WM-Qualifikationsspiel gegen die Ukraine angeschaut hatte, vorab auf die winterlichen Temperaturen und den angefrorenen Rasen einzustimmen, bat der 34-Jährige bereits am Samstag um 20.15 Uhr vor Ort zum (Trainings-)Tanz. »Ein gerechtes Ergebnis«, wie es Harald Strutz, oder »Mit dem Resultat können wir gut leben«, wie es Heidel formulierte – dies war nach dem 1:1 am 13. Spieltag mutmaßlich der einhellige Tenor aller 15 500 Augenzeugen im Stadion und der 1,21 Millionen vor den DSF-Bildschirmen. Für dieses Resultat in der nachbarlichen Kraftprobe hatten Ervin Skela (64.) und Manuel Friedrich (78.) gesorgt, wobei 05-Jugendleiter Hubert Friedrich nach dem Fuß-Treffer seines sonst mehrheitlich mit dem Schädel vollstreckenden Filius juxte: »Ich hatte ihm doch verboten, Tore mit dem Fuß zu schießen.« Der 22-Jährige dazu selbst mit einer kleinen Dankes-Botschaft an Eintracht-Keeper Dirk Heinen: »Ich sehe den Ball da liegen, haue drauf – und der Torwart macht die Beine breit.« Ansonsten ließ der Ex-Bundesligist im fünften Zweitliga-Schlagabtausch mit den in diesem internen Wettbewerb damit bei vier Unentschieden und einer Niederlage weiter sieglosen 05ern nichts anbrennen, hatte vielmehr in Durchgang zwei sogar Vorteile auf seiner Seite. »Da sind wir ein bisschen eingebrochen«, hatte auch Friedrich erkannt, und Kramny räumte ein: »Letztlich müssen wir mit dem Punkt zufrieden sein.« Versäumt wurde der dennoch mögliche Sieg in den überlegen gestalteten ersten 45 Minuten, in denen seine Schützlinge laut Klopp »sehr, sehr gut« gespielt hatten. Sandro Schwarz: »Da mussten wir einfach unsere Chancen reinmachen.« Kein ernsthaftes

Ein Cheerleader-Girl als Augenweide und bunter Farbtupfer.

Wort der Kritik oder Klage dagegen von Jürgen Klopp: »Ich bin zufrieden mit dem Spiel, die Zuschauer waren es sicher auch, also muss man auch mit dem Ergebnis zufrieden sein.« Schließlich seien die Adlerträger »nicht irgendeine Mannschaft«. Punktum.

Gar nicht zufrieden konnte man hingegen mit dem Auftreten einiger Eintracht-Anhänger sein. Nachdem sie schon vor und während der in aufgeheizter Atmosphäre über die Bühne gegangenen Partie Feuerwerkskörper und Rauchbomben gezündet hatten, so dass nach verzögertem Beginn später mehrfach sogar ein Abbruch durch Schiedsrichter Aust (Köln) in der Luft hing, demolierten diese Rowdys nach dem Abpfiff auf dem Heimweg auch noch mehrere Autos. Und, wie es ein empörter Bruchweg-Anwohner berichtete: »Es gab Fans, die haben gegen unsere Briefkästen gepinkelt.« Hei, wie lustig.

Der nächste Knaller

Zeit zum Verschnaufen blieb den 05ern nach dem Lokalderby nicht. Denn schon fünf Tage später stand der nächste Knaller beim mit sechs Punkten Abstand folgenden Rangdritten Bielefeld an. Weitere drei Tage später folgte in Mainz das Spiel der zweiten DFB-Pokalrunde gegen Greuther Fürth, und wiederum nur drei Tage später die Zweitliga-Begegnung mit Duisburg. Ebenfalls im Bruchwegstadion. Für Klopp kein Anlass, eventuell auf zu große Belastungen zu verweisen: »Wir machen ja schließlich nichts anderes.«

Zunächst ging's also zur Bielefelder Alm, wo man im Frühjahr noch eine 1:4-Abfuhr erlitten hatte. Diesmal kam's ganz anders. »Meine Mannschaft ist fit genug, auch dort etwas zu reißen, wir werden unsere Chance bekommen«, hatte Jürgen Klopp prognostiziert, dessen Kollege Möhlmann beim 05-Duell gegen Frankfurt als aufmerksamer Zaungast auf der Tribüne saß und mutmaßte: »Die werden auch bei uns offensiv auftreten.« Als wenn es der Ex-Profi aus Bremen geahnt hätte. Der Spitzenreiter versteckte sich vom Anpfiff weg nicht – und schließlich reichte Voronins Tor in der 66. Minute zum Sieg, denn auf der Habenseite der Ostwestfalen stand

Rhythmische Sportgymnastik mit Andrej Voronin (rechts) und dem Duisburger Pavel Drsek.

am Samstagnachmittag die Null. Nach nunmehr elf Spielen in Folge ohne Niederlage und der ungeminderten Souveränität mit jetzt neun (!!!) Punkten Vorsprung auf Nichtabstiegsplatz vier (Frankfurt), wagten sich in Sachen Aufstieg auch die fast schon professionellen Leisetreter am Bruchweg zumindest zaghaft aus den Löchern. »Ich träume gern, aber noch ist es nur ein Traum«, steppte Vereinschef Strutz verhalten ans sensible Thema ran. Ungleich offensiver ging es Christof Babatz an, der rhetorisch fragte: »Was gibt es schon für Ziele in der Zweiten Liga? Doch nur aufsteigen oder drin bleiben.« Auch Jürgen Klopp ließ ein wenig die Sau raus: »Unser Wille macht alles möglich – absolut alles.« Und noch dezidierter der Ex-Mainzer Ansgar Brinkmann im Arminia-Trikot: »Das war die halbe Miete, wer soll die noch einholen?«

Hochmut kommt vor dem Fall

Dem Tagestriumph vorausgegangen waren 90 höchst bewegte Minuten. Im Stenogrammstil die neben Voronins Volltreffer (»Vorher hatte ich bei zwei Chancen versagt, da musste ich ihn reinmachen«) wichtigsten Szenarien. 70. Minute: Wache pariert einen von Robert Nikolic an Fatmir Vata verursachten Foulelfmeter, der die 05-Gemüter noch im Nachgang erhitzte. Markus Schuler: »Das war wieder einmal Vata live, eine Frechheit, der lässt sich bei jedem Ballkontakt fallen.« Retter Wache dagegen ganz entspannt und locker: »Die einen schießen vorne die Tore und hinten hält einer ab und zu mal einen Ball …« Übrigens: es war erst der zweite gehaltene Strafstoß in Waches Torwart-Laufbahn. Kuriose Duplizität: Auch den

Ersten meisterte der 05-Kapitän gegen Bielefeld – allerdings in Mainz. Zurück zum jüngsten, mit fünf Minuten Nachspielzeit dekorierten Aufeinandertreffen beider Vereine auf der Alm. 90. Minute: 1. Thurk versemmelt pomadig einen von Hain an Kramny verwirkten Elfmeter, Sünder Hain wehrt ab. Klopp: »Hochmut kommt vor dem Fall. Michael übt seit fünf Wochen Elfmeter. Im Training landen alle im Winkel.« 2. Gelb-Rote Karte wegen angeblichen Zeitschindens für Schuler, die eine Viertelstunde vorher auch schon Bielefelds Dabrowski gesehen hatte.

Der Käse schien gegessen

Nach dem vierten 1:0 der Saison ging es ebenso knapp und eng bereits am Dienstag beim 3:2-Pokalerfolg gegen Fürth weiter – von diesem Wettbewerb später mehr. Am Freitag, 30. November, stellte sich dann mit dem MSV Duisburg schon der nächste Zweitliga-Gast in Mainz vor. Mit mageren 14 Zählern lagen die Westdeutschen auf Rang 14, nur dank der günstigeren Tordifferenz eine Position vor den punktgleichen Waldhöfern auf Abstiegsplatz 15, so dass Trainer Pierre Littbarski längst nicht mehr unumstritten schien. Also von Haus aus eine klare Angelegenheit? Von wegen, alles anderes als das. Denn: Nkufo hatte die favorisierten Rheinhessen auf regennassem Untergrund zwar früh mittels eines Foulelfmeters in Führung geschossen (6.). Doch dann galoppierten die »Zebras« bis zur 64. Minute auf 3:1 davon – und der Käse schien gegessen. War er aber nicht. Vielmehr schrieben jetzt Klopps tolle Jungs in einer Wahnsinns-Aufholjagd mit Toren von Schwarz (73.), nochmals Nkufo (74.) und Friedrich (88.) zum viel bejubelten 4:3 den Krimi zum vermeintlich eigenen Happy End um. Denkste! Denn auf den alleralllerletzten Drücker holte der Meidericher Drsek mit dem Ausgleich zum 4:4 die schon stürmisch gefeierten 05er aus dem siebten Himmel wieder auf den Boden der Realität zurück, denen Harald Strutz gleichwohl bescheinigte: »Der Wille der Mannschaft ist einfach fantastisch.« Insgesamt war der Thriller nichts, aber auch gar nichts für schwache Nerven! Christian Heidel: »Das war das aufregendste Spiel, das ich in den letzten Jahren am Bruchweg erlebt habe.« Sandro Schwarz war über den Last-Minute-Ausgleich freilich derart gefrustet, dass er seinen Ärger lauthals hinausschrie. Ähnlich, wenn auch moderater die Reaktion von Manuel Friedrich: »Nach dem 1:3 wären wir mit einem Punkt zufrieden gewesen, aber nach dem 4:3 sind wir über das Unentschieden enttäuscht.« Jürgen Kramny zollte dagegen dem tüchtigen Gast Respekt: »Ein Sieg wäre zu viel gewesen, Duisburg hatte den Punkt verdient.«
»Wer dieses Spiel nicht gesehen hat, wird sich immer ärgern müssen«, bilanzierte Jürgen Klopp; »unabhängig vom Ergebnis, das im Endeffekt gerecht war. Was beide Mannschaften auf diesem Boden geboten haben, das war von herausragender Klasse.« Nicht anders hatten es Sven Christ (»Riesenspiel«) und Klopp-Kollege Littbarski gesehen: »Das war ein absolutes Topspiel für die Zuschauer.« Und noch etwas merkte der säbelbeinige Weltmeister von 1990 an: »Für die Mainzer muss man sich auf eine Saison in der Ersten Bundesliga einstellen.« Diese Prognose aus berufenem Munde erfuhr umso schärfere Konturen, als sich infolge der Frankfurter 1:2-Niederlage in Oberhausen der Mainzer Vorsprung auf Platz vier auf sage und schreibe zehn Punkte ausgewachsen hatte! Vor dem Rangzweiten Hannover waren es deren fünf, vor dem Dritten Bielefeld komfortable neun. Gut, es war noch nicht einmal die Hälfte der Distanz gespielt – aber: als abwegig oder vermessen waren Bundesliga-Spekulationen jetzt nicht mehr abzutun.

Serie endete in Fürth

Und daran änderte auch die erste Niederlage nach zwölf ungeschlagenen Spielen nichts, oder allenfalls marginal, die das 05-Aufgebot am 8. Dezember in Fürth erlitt. Denn das 2:3 im Playmobil-Stadion (mit zwei, davon einem höchst umstrittenen, Foulelfmetern zugunsten der Franken) verringerte den Abstand des Spitzenreiters (weiter 36 Punkte) lediglich zu den unmittelbaren Verfolgern Hannover (34) und Bielefeld (30), nicht aber auf Platz vier, den jetzt 05-Bezwinger Fürth vor den punktgleichen Frankfurt und Ahlen (alle 26 Punkte) einnahm. Schmerzlicher berührte der Verlust von Sandro Schwarz, der sich in Köln einer Operation am rechten Knie unterziehen musste und bereits in Fürth fehlte.

Pokal-Zwischenspiel

Bevor im ausklingenden Jahr 2001 am 16. Dezember das Vorrunden-Halali gegen Union Berlin und am 19. Dezember auch noch der Rückrunden-Auftakt gegen Aachen zu absolvieren waren, stand der Klopp-Elf am Dienstag, 11. Dezember, 20.30 Uhr, ausnehmend hoher Besuch ins Haus. Denn nach den vorherigen Erfolgen der 05er bei Erzgebirge Aue (2:1 nach Verlängerung) und gegen Fürth (3:2) präsentierte sich jetzt der 1. FC Kaiserslautern zum DFB-Pokal-Achtelfinale am Bruchweg. Die 15 500 Tickets für das in der Nacht zum 29. November ausgeloste Match, das FCK-Kapitän Thomas Hengen als »Hammerlos« und Angreifer Olaf Marschall als »bitterbös für uns« apostrophierte, waren erwartungsgemäß im Handumdrehen bereits am 3. Dezember vergriffen. Ein 3:2 für die 05er tippte OB Jens Beutel, wie auch Kabarettist Herbert Bonewitz dem klassentieferen Gastgeber die Daumen drückte: »Ich bin doch ein Meenzer Bub.«
Alles Daumendrücken half nichts: vor ausverkauftem Haus scheiterte der Zweitligist nach zwei anfänglich ungenutzten Riesenchancen mit 2:3 in einer Partie, die es freilich in sich hatte. Und in der sich die Landeshauptstädter jedweden Respekt verdienten. Denn: nach einem 0:3-Pausenrückstand (Lokvenc, Lincoln/2) kamen zehn Mainzer durch Babatz (72.) und Nkufo (84., Handelfmeter) auf 2:3 heran und brachten die augenscheinlich allzu sorglosen Barbarossastädter (Torwart Georg Koch: »Wir haben ziemlich arrogant gespielt in der zweiten Halbzeit«) in den Schlussminuten noch heftig in Verlegenheit. »Wir haben mit zehn Mann einen Bundesligisten in dessen Hälfte gedrückt«, bilanzierte Klopp. »Da hat die Mannschaft uns verdient noch zwei Dinger reingehauen«, grantelte der mit den Seinen sichtlich unzufriedene FCK-Coach Andy Brehme und attestierte den Gastgebern »das Potenzial für die Erste Liga«. Super-Mario Basler prognostizierte sogar: »Wenn sie die Niederlagen in Fürth und gegen uns wegstecken, dann wird sie auf dem Weg in die Bundesliga nichts mehr aufhalten.«

Auf und davon: Dennis Weiland enteilt im Pokalmatch Kaiserslauterns Ex-Nationalspieler Mario Basler.

Klare Fehlentscheidung

Aber wieso »zehn Mainzer«? Ebenso einfach wie folgenschwer: In der 26. Minute kassierte Tomasz Bodog wegen eines angeblichen Fouls (Klopp: »Für mich war es kein Foul«) an Nationalspieler Miroslav Klose Rot. Dieser Karton brachte zumindest die Fraktion der Mainzer unter den 15 500 Zuschauern in Rage und Schiedsrichter Jürgen Aust (Köln) ein gellendes Pfeifkonzert ein. 05-Präsident Harald Strutz: »Schade, dass das Spiel durch eine klare Fehlentscheidung so früh entschieden war.« Gleichermaßen Christian Heidels Kommentar: »Diese Rote Karte hat uns das Genick gebrochen.« Für Klopp war es dennoch ein »Fußballabend, mit dem wir leben können – wenn auch mit dem falschen Ergebnis«. Zu den ungleich unerfreulicheren Randerscheinungen der live in der ARD übertragenen Begegnung (4,08 Millionen TV-Zuschauer) gehörten hirnrissige FCK-Anhänger inklusive einiger Hooligans, die im Block N an den Zaungittern rüttelten und minutenlang mit Rauchbomben den Bruchweg einnebelten, so dass Aust mit Verspätung anpfiff, vorübergehend ein Abbruch drohte und Ministerpräsident Kurt Beck (SPD) nach den 90 Minuten betroffen kritisierte: »Dafür kann man sich nur schämen.« Vor dem Südwest-Derby, das dem Zweitligisten alles in allem eine Rekord-Einnahme von rund 1,2 Millionen Mark in die Kasse spülte, hatte die Polizei in der Stadt total rund 65 Fans vom »Betze« und aus Mainz vorsichtshalber aus dem Verkehr gezogen und dem Bruchweg fern gehalten.

Misslungener Jahresausklang

Aus, vorbei, abgehakt und vergessen. »Der Saison-Höhepunkt war nicht Frankfurt und auch nicht Kaiserslautern«, beschwor Jürgen Klopp die Bedeutung der beiden in 2001 noch offenen »brutal wichtigen« Spiele gegen Union Berlin und Aachen. Für die der 34-Jährige zugleich versprach, nichts am bisherigen (Offensiv-)Konzept zu ändern, nur weil von den letzten sechs Spielen lediglich zwei gewonnen wurden: »Wir sind uns des Risikos bewusst, das wir mit unserer Spielweise eingehen. Aber wenn wir Sicherheitsfußball spielen würden, hätten wir nicht so viele Spiele gewonnen.« Und gegen den dennoch mächtig imponierenden Neuling aus der Bundeshauptstadt wurde auf tief gefrorenem Rasen nicht allein das nächste Treffen gewonnen, sondern mit dem wahrlich hart erarbeiteten und von Blaise Nkufo per Foulelfmeter (12.) gesicherten 1:0 (Sportmanager Demandt: »Ein ganz schwieriges Spiel«) zugleich die »Herbstmeisterschaft« errungen. Für die man sich bekanntlich »nichts kaufen« könne, versachlichte Jürgen Klopp umgehend die immer höher ins Kraut schießenden Erwartungen im Umfeld. Man wolle zwar »alles erreichen – aber wir sind noch nix«. Was zum gelungenen Hinrunden-Halali nichts an der allgemeinen Begeisterung änderte. »So viele Punkte hatten wir im letzten Jahr drei Spieltage vor Schluss«, staunte Vereinschef Strutz nahezu Bauklötze, und Manager Heidel gestand angesichts

Dumm gelaufen für Andrej Voronin: Im vom Bundesligisten mit 3:2 gewonnenen Pokalspiel am Bruchweg klärt Kaiserslauterns Keeper Georg Koch vor dem Mainzer Stürmer.

Hübsch, aber ein Muster ohne Wert: die Anzeigetafel verkündet Mainz 05 als »Herbstmeister« der Spielzeit 2001/2002.

der jetzt schon ergatterten 39 Zähler und der seit zwölf Spieltagen behaupteten Tabellenführung: »Das ist mehr als wir vor der Saison zu träumen gewagt hätten.«

Gegen Aachen ins Geschirr

Vor der jetzt dringend notwendigen, freilich nur knapp bemessenen Winterpause (Jürgen Kramny: »In die wollen wir als Tabellenführer gehen«) musste die Mannschaft freilich noch einmal ins Geschirr – und da drohte am 18. Dezember zum Rückrundenstart gegen Aachen normalerweise kein Ungemach. Die Kaiserstädter hatten bislang in der Fremde lediglich ein Pünktchen ergattert – und waren überdies schon zum Rundenbeginn ausgehebelt worden (2:0). Doch dann geriet der als goldener Schuss angedachte Jahresabschluss zum Rohrkrepierer. Völlig unnötig 0:1 hieß es am Ende zum Entsetzen der 05-Gemeinde, die Feiertagslaune für Weihnachten und Silvester waren verdorben – und die Tabellenführung war auch noch futsch. Ganz oben thronte jetzt Hannover mit 40 Zählern. Auf Platz zwei: Mainz 05 mit 39 – aber immer noch beruhigenden neun Punkten Vorsprung auf den Rangvierten (Bochum).

Wir wollten, wollten, wollten ...

Den möglicherweise ausschlaggebenden Knacks hatte die wenig ansehnliche, von den schwachen Einheimischen gleichwohl mehr oder weniger dominierte Partie in der 53. Minute mit der Gelb-Roten Karte für den disziplinlosen Thurk erfahren. Entsprechend sauer war Strutz: »Wir haben uns durch das dämliche Foul von Thurk selbst geschwächt.« Enttäuschung begreiflicherweise allenthalben, auch bei Jürgen Klopp: »Wir hatten uns so viel vorgenommen, aber das ist alles ein bisschen dumm gelaufen.« Der ehemalige Profi räumte jedoch auch ein, »teilweise sehr schlecht gespielt« zu haben. »Zwei Prozent haben heute gefehlt«, meinte Thomas Ziemer. »Wir wollten, wollten, wollten – aber wir konnten offenbar nicht richtig«, fand auch Christof Babatz keine plausible Erklärung für den so restlos missratenen Auftritt.
Der schussgewaltige Ex-Hamburger selbst hatte dagegen einen, nein, sogar den – freilich unbeabsichtigten – Auftritt des Abends. Nämlich: Mit einem Befreiungsschlag an den Schädel streckte er Schiedsrichter Kai Voss (Großhansdorf) nach einer Viertelstunde nieder, der zunächst benommen im Mittelkreis liegen blieb, bevor er nach einer 15-minütigen Behandlungszeit mit einer leichten Gehirnerschütterung vom Platz geführt und von seinem zuvor an der Seitenlinie tätigen Assistenten Holger Grabanowski (Hude) ersetzt wurde. Dessen Platz nahm der glücklicherweise vor Ort weilende Unparteiische, im »richtigen Leben« bei der Mainzer Polizei-Inspektion II beschäftigte Beamte Jörg Müller ein.

Keine Katerstimmung

Der missglückte Jahres-Kehraus löste am Bruchweg gleichwohl keinen Schock aus. Vorstandsmitglied Hubert Friedrich sprach sicher der ganz überwiegenden Mehrheit der großen 05-Familie aus dem Herzen, als er den Flop gegen Aachen zwar als das »schlechteste Spiel des Jahres« einordnete, doch zugleich nachdrücklich anmerkte: »Auch so ein Spiel darf sich die Mannschaft mal erlauben, nach dem, was sie in dieser Saison schon geleistet hat.« Dass dies nach etwas schleppendem Beginn schlussendlich auch von den Fußballfreunden in Mainz und Umgebung honoriert wurde, belegte die Halbzeit-Zwischenbilanz: Insgesamt wurden in den neun Vorrunden-Begegnungen im Bruchwegstadion durchschnittlich 8640 Zuschauer gezählt – im Jahr zuvor waren es lediglich 5666.

»Wovor sollen wir Angst haben?«

Durch die Bank begrüßt wurde nunmehr die Winterpause. Strutz: »Es ist jetzt wichtig, dass sich die Mannschaft gut auf die Rückrunde vorbereitet.« Für die der wieder einmal auf den Aufstieg angesprochene Trainer »keine neuen Ziele formulieren« mochte, als er antwortete: »Als Zweitligist hast du immer das Ziel aufzusteigen. Ich habe elf Jahre Zweite Liga gespielt und wollte immer aufsteigen. Nur darf man den Aufstieg jetzt bloß nicht als selbstverständlich hinstellen.« Zum selben Thema auch die eindeutige Bekenner-Aussage des Präsidenten: »Natürlich ist unser Ziel der Aufstieg. Wenn es funktioniert, dann wäre es einmalig. Wenn nicht, ginge die Welt aber auch nicht unter.« Für den positiven Fall der Fälle hätte der Rechtsanwalt auch keine Bedenken bezüglich eines vermeintlich finanziellen und wirtschaftlichen Abenteuers: »Wovor sollten wir Angst haben? Wir legen fünf Millionen aufs Konto, den Rest geben wir aus. Steigen wir wieder ab, haben wir immer noch die fünf Millionen. Aber warum soll es uns nicht gelingen, uns oben zu etablieren?« Kurzum: Mainz 05 fühlte sich gewappnet. Um den zweiten und entscheidenden Teil des Unternehmens mit frischen Kräften und damit noch breiterer Brust anzugehen, blieb allerdings nicht viel Zeit. Trainingswiederbeginn war bereits am 3. Januar 2002, und nach dem Trainingslager in Belek (10. bis 19. Januar) an der türkischen Riviera wartete schon am 28. Januar in Unterhaching wieder Zweitliga-Pflicht.

Präsident Harald Strutz hat allen Grund zum Strahlen.

Dramatischer Zwischenfall

Das 70 000 Mark kostende Trainingslager verlief mit Testspielsiegen gegen den türkischen Erstligisten Bursaspor (3:1), den Oberligisten VfB Oldenburg (4:1) sowie den ukrainischen Superligisten ZSKA Kiew (7:0) und nur einer Niederlage gegen den russischen Erstligisten Shinnik Jaroslawl (1:2) sportlich erfolgreich, schreckte mit einem – glücklicherweise glimpflich endenden – dramatischen Zwischenfall jedoch bundesweit auf. Was war passiert? Oberliga-Amateur Mohammed Muftawu, den Klopp mit in die Türkei genommen hatte, erkrankte an

Malaria und kämpfte am vorletzten Tag des Trainingslagers in einer Privatklinik im etwa 35 Kilometer entfernten Antalya mit dem Tod. Erst ein per Autokurier noch rechtzeitig besorgtes Serum stabilisierte den Zustand des 23-jährigen Ghanaers, der sich dann relativ rasch wieder erholte.

»Es juckt in den Füßen«

Nicht unbedingt erfreulich und nur sehr kurzfristig gestaltete sich der Aufenthalt in Belek auch für Sandro Schwarz: der 23-Jährige musste wegen erneuter Beschwerden im operierten Knie vorzeitig den Heimflug antreten. Ein Comeback feierte dagegen Dimo Wache in der Partie gegen Kiew. Der 05-Kapitän hatte sich unmittelbar nach der Aachen-Pleite in München einer Leistenoperation unterzogen. Die Verletzung hatte sich der Torwart bereits am 14. September des Vorjahres beim Aufwärmen vor dem Spiel gegen Oberhausen, von der interessierten Fußball-Öffentlichkeit praktisch unbemerkt (»Ich wollte das nicht an die große Glocke hängen«), eingehandelt und danach »so herumgedoktert«. Jetzt hoffte der 28-Jährige, in Unterhaching wieder zwischen den Pfosten zu stehen, was er dann auch problemlos tat, und bekannte: »Wir sind alle froh, dass es wieder losgeht. Es juckt in den Füßen.« Ins gleiche Horn stieß nach der Rückkehr und der absehbaren Genesung von Muftawu auch Jürgen Klopp: »Wir verspüren eine wahnsinnig große Lust, so weiterzumachen wie in der Hinrunde.« Blaise Nkufo versprach, »alles dafür zu geben, dass wir aufsteigen – wir haben es selbst in der Hand« und diese Chance bezeichnete Harald Strutz als »einfach toll« und »vielleicht einmalig«.

Allenfalls ein Flämmchen

Nach dem letzten Probelauf mit einem 3:0 in Bodenheim gegen die Offenbacher Kickers hieß es für den Tabellenzweiten dann Flagge zeigen. »Wir müssen aus dem Stand lichterloh in Flammen stehen«, erwartete Klopp für das DSF-Spiel beim Bundesliga-Absteiger in Unterhaching von seinem Ensemble. Doch heraus kam allenfalls ein

Da geht's lang: Jürgen Klopp gibt die Richtung vor.

Flämmchen, so dass für den 05-Coach »die positivste Erkenntnis« des 0:0 war, »dass wir viel besser spielen können«. Auch Christian Hock übte sich in dezenter Selbstkritik: »Generell war das Spiel von uns nicht so toll.« Mit einem Tag Abstand malte Klopp auf der Heimreise im ICE dann schon ein etwas rosigeres Bild: »Insgesamt bin ich sehr zufrieden mit dem Mannschaftsverhalten, und ich nehme die Gewissheit mit, dass wir noch einige Spiele gewinnen werden.« Neben zwei möglichen weiteren Punkten büßten die Rheinhessen im Unterhachinger Sportpark allerdings zusätzlich Dennis Weiland mit der »Ampelkarte« ein (86.). – Komfortabel dagegen: der Vorsprung auf den neuen Tabellenvierten Fürth betrug satte acht Zähler. Wiewohl Heidel warnte: »Viele glauben, das Ding ist schon gelaufen, nur weil wir acht Punkte Vorsprung haben. Aber das ist ein Trugschluss.«

Chancen nicht genutzt

Und nun kam mit Bochum der ebenfalls noch intensiv Bundesliga-Pläne schmiedende Rangfünfte zum Topspiel an den Bruchweg. Zur Erinnerung: jener VfL, der im Hinspiel ein höchst schmeichelhaftes 2:1 eingesackt hatte. »Es gibt am 3. Februar in Mainz eigentlich gar keinen anderen Ort als das Bruchwegstadion, an dem man sich aufhalten könnte«, appellierte Klopp an die Leidenschaft der Fans, sein Team in großer Anzahl zu unterstützen. 11300 kamen dann auch, erlebten eine gegenüber Haching sichtlich verbesserte Mainzer Elf – doch unter dem Strich blieb aufgrund einer Vielzahl vergebener Hochkaräter mit einem 1:1 nur ein Punkt. Thurk: »Wir sind beim Nutzen dieser Dinge etwas schlampig gewesen.« Hannover marschierte davon, doch der Vorsprung der 05er auf Platz vier nahm sich mit sechs Zählern immer noch relativ lukrativ aus. »Im Moment machen wir's nach der Eichhörnchen-Methode«, meinte Strutz. Vorstandskollege Heidel trauerte zwar auch den verschleuderten Tormöglichkeiten nach, blickte jedoch zugleich optimistisch nach vorn: »Das kommt schon wieder – jetzt brauchen wir noch 19 Punkte.« Im Klartext: 41 bislang erkämpfte Punkte plus 19 = 60 – und das bedeutet den Aufstieg. So schaute es zumindest in der Vergangenheit aus … Doch diesmal reichte es bekanntlich nicht.

Front gegen Kritikaster

Der nächste Dreier war mit einem eindrucksvollen 4:1 schon in Karlsruhe fällig. So, wie von Heidel vorhergesagt (»Da haben wir schon immer gewonnen, und so wird es auch bleiben«), der zuvor überdies Front gegen jene Kritikaster gemacht hatte, die nach drei sieglosen Matches bereits eine Krise mindestens heraufdämmern sahen: »Wir werden uns nicht einreden lassen, wir könnten mit dem Druck nicht umgehen.« Nach dem überzeugenden Auftritt im Wildparkstadion, der allein durch Rot gegen Thurk (53.) und die fünfte Gelbe Karte für den zwei Foulelfmeter verwandelnden Nkufo einen leicht schalen Beigeschmack erhielt, ließ der Manager nochmals Luft ab: »Das war die richtige Antwort auf das Thema Krise – wir hatten nie eine.«

Unfreiwillige Bodenakrobatik-Einlage: Stürmer Michael Thurk geht parterre.

Der Knaller des Tages

Urplötzlich winkte dem aktuellen Kronprinzen sogar wieder der Zweitliga-Thron. Mit einem Sieg im absoluten Knaller des Tages bei Hannover 96, das in Bochum seine erste Niederlage kassiert hatte (2:4), würde er bestiegen. Und dies könnte, Tusch und Narhallamarsch, just am Rosenmontag, 11. Februar, und damit ein Jahr nach der »Wende« am Bruchweg geschehen! »Man fährt nicht einfach so für zwei Tage nach Hannover«, gab Jürgen Klopp vor dem Kräftemessen der Giganten die Richtung an, »wir sehen dieses Spiel als eine weitere Möglichkeit zu punkten an«. Nach den 90 Minuten vor über 20 000 Zuschauern im Niedersachsenstadion gab es für den imponierend aufgetretenen Gast zwar Lob von allen Seiten – doch die Punkte blieben in Niedersachsen. Mit einem Geniestreich erzielte Jan Simak das 1:0 (37.) selbst, den 2:0-Endstand durch Krupnikovic (69.) bereitete der Tscheche nicht minder gekonnt vor. »Beide Tore sind zu einem Zeitpunkt gefallen, als keiner damit gerechnet hat«, fuchste es Heidel.
»Wir brauchen uns keine großen Vorwürfe zu machen«, analysierte Kramny, der mit einem Pfostenschuss Pech hatte (43.), die vorangegangenen anderthalb Stunden, »wir haben das Spiel beherrscht – aber dann hat eine geniale Aktion von Simak das Spiel entschieden«. Vom Ausgang der Partie war naturgemäß auch Jürgen Klopp »sehr enttäuscht«, doch zeigte sich der 34-Jährige zugleich »sehr stolz auf die Leistung meiner Mannschaft«, habe Hannover »im eigenen Stadion wohl noch nie so unter Druck gestanden«. Und Präsident Strutz versicherte: »Wir können erhobenen Hauptes nach Hause fahren.« Wo auf dem Leichhof einige tausend bunt kostümierte und sangesfreudige Fans (»Wir sind nur ein Karnevalsverein«) die von Mainz 05 zusammen mit dem Südwestrundfunk (SWR) organisierte Live-Übertragung auf einer Großbildleinwand mit Daumendrücken und lautem Engagement verfolgt hatten. Schließlich spendete auch Klopps siegreicher 96-Kollege Ralf Rangnick noch Trost und Aufmunterung in einem: »Ich bin felsenfest überzeugt, dass die Mainzer nicht schlechter als auf Platz drei abschneiden werden.«

Gut gemacht: Torwart und Kapitän Dimo Wache ist mit seinen Vorderleuten zufrieden.

In Oberhausen drehte der Wind

Keine Weltuntergangsstimmung mithin beim Verlierer, der unverändert zuversichtlich das Restprogramm ansteuerte. Robert Nikolic: »Wir konzentrieren uns aufs nächste Spiel gegen Oberhausen. Denn ich glaube, es gibt in jedem Spiel drei Punkte.« Vor den zwischenzeitlich von Fuchs Aleksandar Ristic betreuten Rot-Weißen hatte Klopp nicht zuletzt nach deren 6:1 (!) gegen Bochum gewarnt: »Die haben eine richtig gute Truppe.« Aber dann schien die Begegnung nahezu ein Selbstläufer zu werden, denn nach 58 Minuten lag Mainz 3:0 vorn. Als der Gast jedoch nur 180 Sekunden später erstmals fündig wurde, drehte der Wind – und blies den völlig außer Tritt geratenden Hausherren bis zum finalen 3:3 in der 87. Minute gnadenlos mitten ins Gesicht. Das bedeutete nach lediglich sechs Zählern in den bislang sechs Rückrundenspielen in der Tabelle nur noch Position drei hinter Hannover und Bielefeld – und nur noch ein einziges

Pünktchen vor dem Rangvierten Fürth. Dass es zuvor – vom Schweizer selbst ausdrücklich dementierte – Abwanderungsgerüchte um Blaise Nkufo gab, hatte sicher keinen Einfluss auf den Ablauf des Spiels gegen Oberhausen gehabt. Unstreitig aber eine ausgewachsene Grippewelle, die einige Akteure vollends außer Gefecht gesetzt hatte und einige nur geschwächt hatte mitwirken lassen. Amateur Dennis Probst bestritt seinen ersten Einsatz von Beginn an, mit Bediako und Muftawu saßen weitere Amateure auf der Bank. »Beim 2:3 konnten drei von uns ja gar nicht mehr laufen«, erkannte Klopp einen gewichtigen Grund für das Kippen des Spiels. Aber es gab auch Selbstkritik. So von Sven Christ: »Jeder hat gedacht, dass wir sie im Sack haben – vielleicht war das der Fehler.« Der Eidgenosse bekräftigte im gleichen Atemzug aber auch: »Einen Knacks hat das nicht gegeben.« Dimo Wache bekam sogar einen richtig dicken Hals. »Ich kann es bald nicht mehr hören, dass uns das zurückwerfen soll«, wetterte der Kapitän. Trainer Jürgen Klopp vermisste im Dunstkreis des Vereins ein wenig die »Ihr-schafft-das-Stimmung« und rief angesichts sich verschiedentlich bereits nach Unentschieden breit machender Skepsis gar nicht so schrecklich weit zurückliegende Zeiten ins Gedächtnis zurück: »Ich kann mich nicht erinnern, dass es für uns jemals einfach war.« Von der vereinzelt prompt wieder ins Gespräch gebrachten Krise mochte auch Präsident Strutz nichts wissen: »Davon kann überhaupt nicht die Rede sein. Wir werden uns auf keinen Fall aus der Ruhe bringen lassen. Jetzt wird sich zeigen, ob wir über eine so reife Mannschaft verfügen, die das wegsteckt.«

Bestform in Ahlen

Und wie die das tat. Obschon im Vorfeld immer noch das Grippevirus sein Unwesen trieb (Klopp: »Da sind mehr am Infusionstropf als im Training«), auch den Trainer nicht verschonte und Christ wegen eines Magengeschwürs einige Tage auf der Intensivstation der Mainzer Unikliniken verbringen und danach ebenso weiter pausieren musste wie der zum Rundenende den Bruchweg krankheitsbedingt verlassende Dauerpatient Vjekoslav Skrinjar (Kreislaufprobleme und Atemnot), trumpfte die Mannschaft am darauf folgenden Montagabend beim total verregneten 4:1 in Ahlen in Bestform auf. Davon konnten sich im zweiten von sechs DSF-Spielen der Rückrunde mit 05-Beteiligung auch die Zuschauer am Bildschirm überzeugen. Anmerkung am Rande: Gewiss wäre die Wahl des Spartensenders nicht gleich ein halbes Dutzend Mal auf die Klopp-Elf gefallen, wenn die öden oder unattraktiven Fußball zelebriert hätte. Heidel-Kommentar zum ungefährdeten Dreier: »Die Mannschaft hat genauso gespielt wie in den letzten Spielen auch schon. Wir hatten zuletzt viel Pech, aber jetzt sind wir belohnt worden.« Belohnt auch insofern, als am 24. Spieltag mit 48 Punkten wieder Rang zwei erklommen wurde – vor Fürth (47) und Bielefeld (46).

Einbahnstraßen-Fußball

Obschon mit dem auch die letzten Nerven strapazierenden 2:2 (1:0) gegen Schlusslicht Babelsberg der Ahlener Gala auf dem Fuße ein Patzer folgte, wurde diese Platzierung auch am 25. Spieltag behauptet, weil die Konkurrenz ebenfalls Federn ließ (Bielefeld 1:2 in Duisburg, Fürth 1:1 gegen Frankfurt). Mit einem Rückrunden-Heimsieg wurde es jedoch also wieder nichts. Dass wenigstens noch ein Punkt verbucht werden konnte, war zudem Dusel. Denn nachdem die vom Ex-05-Coach Horst Franz (»Ich gönne Mainz den Aufstieg«) betreuten und vorher achtmal in Serie unterlegenen Potsdamer schon in der Nachspielzeit das 2:1 markiert hatten, gelang »Manu« Friedrich im Gegenzug noch der Ausgleich. In den 90 Minuten zuvor gab es praktisch Einbahnstraßen-Fußball mit so genannten hundertprozentigen Chancen in Richtung Babelsberger Kasten, doch dort erwies sich der überragende Keeper Kunze als (fast) unüberwindlich. Klopp: »Mit dem Punkt müssen wir wohl zufrieden sein, weil wir die Tore nicht gemacht haben.«

Herumplätschern oder aufsteigen?

Gänzlich leer gingen die Domstädter eine Woche später mit dem 0:2 in Reutlingen aus, weil sie in Halbzeit eins

Doppeldecker: Tomasz Bodog nimmt den Torschützen Manuel Friedrich als Überflieger Huckepack.

restlos neben sich standen und eine grottenschlechte Vorstellung boten. Nach der Pause und selbst nach dem 0:2-Rückstand gab es zwar noch genügend Gelegenheiten, das Spiel zu drehen – doch es sollte nicht sein. »Uns hat die Kompaktheit gefehlt, das ganze Spiel war schlecht«, packte Dennis Weiland sich und seine Kollegen an die eigene Nase. Bei Harald Strutz ließ die streckenweise indiskutable Leistung den Kragen platzen: »Ich habe den absoluten Willen vermisst, und das macht mich wütend. Jeder Einzelne muss sich fragen: Will ich weiter herumplätschern oder wirklich aufsteigen?« Starker Tobak des Präsidenten, der nicht allen Beteiligten schmeckte. Dass es an der erforderlichen Einstellung haperte, stimmte laut Jürgen Klopp »absolut nicht«. Und: »Wenn ich sicher wäre, es würde helfen, würde ich auch draufhauen. Wir müssen wieder etwas draufpacken und das eine oder andere ein bisschen ändern, aber wir müssen es mit der notwendigen Ruhe machen.« Kapitän Dimo Wache konnte sich nicht damit anfreunden, »dass jetzt so schwere Geschütze aufgefahren werden – man hat uns auch in Ruhe arbeiten lassen, als wir erfolgreich waren«.

Derby-Heimsieg gegen Waldhof

Inwieweit das Strutzsche Donnerwetter oder aber eine Symbiose der Standpauke mit der Besinnung auf Ruhe frische Schubkraft verliehen haben, bleibt ungeklärt. Auf jeden Fall ging es nach der Schlappe am Rande der Schwäbischen Alb wieder bergauf. In Ruhe wurde in Bitburg ein Trainingslager bezogen, so, wie es sich bereits beim Amtsantritt von Klopp im Vorjahr bewährt hatte. »Es gibt keine Mannschaft, die motivierter sein könnte als wir«, beschrieb der Trainer vor dem Derby gegen Waldhof die Verfassung seiner Kadetten, und: »Wir werden die größte Leidenschaft, die wir jemals gezeigt haben, auf den Platz bringen.« Und dann klappte es endlich, endlich mit dem ersten Heimsieg der zweiten Halbserie. Mit »So ein Tag, so wunderschön wie heute« und »Nie mehr Zweite Liga« besangen die 05-Zuschauer im Bruchwegstadion, unter ihnen Ministerpräsident Kurt Beck, das glatte 3:0, das den Amateurmeister von 1982 mit jetzt 52 Punkten zurück auf Tabellenplatz zwei beförderte, vor Fürth (51) und den bei Union Berlin mit 1:2 gestrauchelten Bielefeldern (49). »Wir sind da, wo wir hingehören«, strotzte Klopp vor Selbstvertrauen, der seinem Team die Rückkehr zum 4-4-2-System verordnet hatte. »Vielleicht haben wir diesen Druck durch die Tabellensituation gebraucht«, mutmaßte Dennis Weiland. Egal wie. »Das war ein ausgesprochen konzentrierter und engagierter Auftritt«, gab sich der Vereinsboss wieder versöhnlich. Als »herausragend« und eine »absolute Schlüsselsituation« charakterisierte Jürgen Klopp den von Wache in der 56. Minute beim Stand von 2:0 abgewehrten Foulelfmeter von Teber.

In Schweinfurt alles im grünen Bereich

Mit dem gleichen Ergebnis wurde die nächste Auswärtshürde in Schweinfurt dank zweier Treffer von Thurk (»Seit dem Trainingslager in Bitburg ist bei uns eine neue Stimmung drin«) und des ersten 05-Pflichtspieltores von Niclas Weiland (»Das war überfällig«) sowie einer Superleistung von Wache genommen. Vor dem Seitenwechsel hätte freilich die Mainzer Leihgabe im Schweinfurt-Dress, Ermin Melunovic, bei mehreren klaren Chancen für seine Farben eventuell die Weichen auf Sieg stellen können. Der sonst so treffsichere Angreifer, auf dessen Rückkehr zum Saisonende Mainz 05 seine Option wahrnehmen wird: »Ich habe versagt und das Spiel für uns verloren.« – Tabelle nach dem 28. Spieltag: 1. Hannover 65 Punkte, 2. Mainz 55, 3. bis 5. Bielefeld, Fürth, Bochum, alle 52.

Hosenflattern in Saarbrücken

Alles also im grünen Bereich, die Bundesliga rückte immer näher. Und auf dem Weg dorthin ließ sich Mainz am Gründonnerstag auch vom Rangvorletzten aus Saarbrücken nicht bremsen. Nach der 2:0-Führung bis zur 58. Minute gab es dann allerdings nach dem Anschlusstreffer der alles andere denn sich widerstandslos ergebenden Gäste nur 120 Sekunden später wieder einmal Hosenflattern, bis vor 13 500 Zuschauern das glückliche 2:1 unter Dach und Fach war. »Es wäre gelogen, wenn ich sage, ich hätte daran nicht gedacht«, räumte Christian Heidel ein, dass ihm nach dem FCS-Tor die ähnlich

Konzentriert und aufmerksam: die Fans auf den Stadion-Rängen.

verlaufenen Spiele gegen Oberhausen (3:3) und Babelsberg (2:2) in den Sinn gekommen waren. »Wir wollten gewinnen, egal wie. Genau das ist dann auch daraus geworden«, bilanzierte Klopp trocken, während Strutz bereits vorausblickte: »Jetzt können wir uns nur noch selbst schlagen.« – Die Tabellenspitze nach dem 29. Spieltag: 1. Hannover 68, 2. Mainz 58, 3. Bielefeld 55, 4. Bochum 55, 5. Fürth 53.

»Danke Petra!«

Mit drei Dreiern in Serie im Kreuz fuhr der Zweitliga-Dino am Montag, 8. April, selbstbewusst ins Frankfurter Waldstadion zum immer prickelnden Rhein-Main-Derby, für das der 05-Manager zur Verblüffung der Eintracht-Geschäftsstelle (Heidel: »Die waren richtig geschockt«) schon Wochen vorher gleich 10 000 Tickets für die eigenen Fans geordert hatte. Und die Stimmung wurde schon im Vorfeld fantasievoll angeheizt. So wurden in der Nacht auf Samstag in Mainz 500 »Wahlplakate« mit dem Konterfei von Frankfurts Oberbürgermeisterin Petra Roth aufgestellt. Beschriftet mit einem Zitat der CDU-Politikerin von Anfang März, das da lautete: »Voller Neid beobachte ich Mainz 05 ...« Ironischer Zusatz der »Plakatioren«: »Danke Petra! Wir Mainzer kommen.« Am Spieltag selbst kamen für die – u. a. mit zehn Sonderzügen anrei-

Origineller, ironischer Seitenhieb in Richtung Eintracht Frankfurt: die Mainzer Fans reisten in T-Shirts-Sonderanfertigungen ins Waldstadion.

senden – 05-Fans noch 5000 T-Shirts mit dem Roth-Porträt zum Vorzugspreis von einem Euro auf den Markt, auf denen es hieß: »Danke Petra, wir waren dabei. Eintracht Frankfurt – Mainz 05, 8. April 2002.«
Ähnlich originell, trickreich, unterhaltsam oder inspiriert ging es dann auf dem Rasen vor 21 500 Besuchern (davon knapp die Hälfte aus Moguntia) nur sehr vereinzelt zu, so dass am Ende der zumeist von Taktik geprägten und wenige Höhepunkte aufweisenden Auseinandersetzung die Null stand. Und zwar hinten wie vorne. »Ein Spiel wie Schach, in dem die Psychologie eine große Rolle spielte«, fasste Strutz seine Eindrücke zusammen. »Wir sind nicht unzufrieden«, urteilte Heidel nach dem 0:0, »wenn man hier unentschieden spielt, hat man einen Punkt gewonnen.« Für Jürgen Klopp ging das Ergebnis »absolut in Ordnung«, helfe »der Punkt so oder so weiter«, doch habe es »sicher schon fußballerisch hochklassigere Spiele« gegeben. »Wir sind ein bisschen verkrampft gewesen«, bewertete Jürgen Kramny den Auftritt, mit dessen Ausgang Dennis Weiland nicht unzufrieden war. »Warum sollen wir mit dem Resultat nicht leben können.« – Die Tabellenspitze nach dem 30. Spieltag: 1. Hannover 96 (damit erster Aufsteiger), 2. Mainz 59, 3. Bielefeld 58, 4. Fürth 56, 5. Bochum 55.

Distanz schaffen gegen Bielefeld

Mit Macht ging es nun auf die Zielgerade. Und in einer weiteren DSF-Flutlichtpartie am Montag, 15. April, wollten die 05er gegen den Mitbewerber aus Bielefeld die schon zum Greifen nahe Option auf den Einzug in die Beletage in noch dichtere Reichweite bringen. »Wir wollen in jedem Moment die Pille haben und ebenso konsequent zur Sache gehen, wenn wir den Ball haben«, hatte Jürgen Klopp die Marschroute vorgegeben. »Das wird eine einzigartige Atmosphäre«, freute sich Heidel schon im Vorhinein und bereitete den Gast aus Ostwestfalen auf einen entsprechenden Empfang vor: »Alle Bielefelder Spieler müssen eine Gänsehaut bekommen, wenn sie am Montag auf den Platz kommen.« Ministerpräsident Beck tippte einen 2:1-Sieg für das Klopp-Ensemble, der erkrankte OB Beutel drückte vor dem Fernseher die Daumen und der Mainzer Sportdezernent Norbert Schüler (CDU) hoffte, dass es in dem »Schlüsselspiel« gelingen möge, »zum schärfsten Konkurrenten Distanz zu schaffen«.

Gänsehaut-Atmosphäre

Die Begegnung vor 14 700 Zuschauern in der nicht restlos ausgebuchten Arena (aus Bielefeld waren kurzfristig rund 1000 Karten zurückgeschickt worden) erfüllte sämtliche Erwartungen – zumindest aus Mainzer Sicht, auch was das Ergebnis anbelangt. Denn mit dem souveränen 4:1 (2:1), für das der glänzend aufgelegte Nkufo mit einem Dreierpack, den er seiner sich im Krankenhaus von einer Operation erholenden Freundin Adrienne widmete, und Kramny verantwortlich zeichneten, machten die 05er von ihrem Hausrecht nachhaltig Gebrauch. Leidenschaftlich und kaum noch steigerungsfähig unterstützt von den Rängen, so dass es für die Fans Komplimente ohne Ende gab und Markus Schuler von einer »Gänsehaut-Atmosphäre« sprach. Die Elf von der Bielefelder Alm verlor außer den Punkten auch noch den Ex-Mainzer Brinkmann, der nach einem Revanchefoul an Schuler vom Referee vorzeitig mit Rot zum Duschen geschickt wurde (52.).

Thema Aufstieg immer konkreter

»Das war ein sensationelles Spiel, ein sensationelles Publikum und ein sensationelles Gefühl«, sprudelten aus Harald Strutz die Emotionen nachgerade heraus, »wir sind noch nicht durch, aber es wäre ein Traum, wenn wir es schaffen würden. Und ganz ehrlich: Wir hätten es auch verdient.« Während der ob des immer realistischer werdenden Aufstiegs sichtlich gerührte Vize Peter Arens den Tränen nahe war (»Dass mir so etwas noch widerfährt, hätte ich mir kaum träumen lassen«), gab es auch für Heidel kein Vertun mehr: »Jetzt lassen wir uns die Butter nicht mehr vom Brot nehmen.« Zwar ordnete Jürgen Kramny den viertletzten Saisonauftritt als »ein wichtiges Spiel« ein, doch gab der 30-Jährige zu bedenken: »Wir haben noch kein Ruhepolster und spielen noch gegen Gegner, die man nicht im Vorbeigehen schlägt.« Zumindest in der Außendarstellung eher cool blieb in der allgemeinen Euphorie auch Jürgen Klopp. »Es gibt im Grunde nichts zu feiern außer dem Sieg heute Abend«, versachlichte und relativierte der Fußballlehrer das gleichwohl immer konkretere Formen annehmende Thema Aufstieg. Logisch, dass jetzt rund um den Bruchweg, und nicht nur dort, zusätzlich der Rechenschieber bemüht wurde: Was musste passieren, dass ... – oder: Was durfte nicht passieren ...? Fakt war, dass die Tabellenspitze nach dem 31. Spieltag hinter Aufsteiger Hannover (69 Punkte) folgendes Aussehen hatte: 2. Mainz 62, 3. Bielefeld 58, 4. Bochum 58, 5. Fürth 57.

Termin-Hickhack und Transfer-Poker

Vom Tisch und letztlich zufrieden stellend geregelt war derweil ein vorübergehendes Hickhack um den lange fraglichen Einsatz des Schweizers Blaise Nkufo und des Ukrainers Andrej Voronin gegen Saarbrücken und Bielefeld. Weil beide, bestimmungskonform, von ihrem Verein zu zeitlich parallel anberaumten Länderspielen abgestellt werden mussten, hatte 05-Manager Heidel bei der Deutschen Fußball-Liga (DFL) wegen »Wettbewerbsverzerrung und einseitiger Benachteiligung« eine Verlegung der beiden vorgenannten Zweitliga-Begegnungen beantragt.

Gut gemacht: Trainer Klopp beglückwünscht Manuel Friedrich.

Vorrangig und offiziell aufgrund nicht vorhandener Ausweichtermine lehnte die DFL die Anträge wie auch die nachgereichten Beschwerden ab. Versöhnliches Ende des Streits: Gegen Saarbrücken wurden Nkufo und Voronin nach ihren Einsätzen in der A-Nationalelf (für Voronin war es der Erste) morgens eingeflogen und am Abend spielten sie für Mainz – Nkufo 67 Minuten, der für ihn eingewechselte Voronin die restlichen 23. Für das Flutlicht-Duell gegen Bielefeld, das bei der Live-Übertragung des Deutschen Sport-Fernsehens (DSF) bis zu 1,75 Millionen Zuschauer vor die Mattscheibe lockte, standen beide Stürmer dann komplett zur Verfügung: die Schweiz hatte keinen Testspielgegner gefunden, die Ukraine die Frist für eine Nominierung Voronins ungenutzt verstreichen lassen.
Noch nicht gegessen war zu jenem Zeitpunkt der Käse hinsichtlich eines Wechsels von Manuel Friedrich zu Manchester City. Nach einem zweitägigen »Schnupperkurs« und ersten Gesprächen vor Ort, zu denen auch Heidel auf die Insel geflogen war, wurde der mögliche,

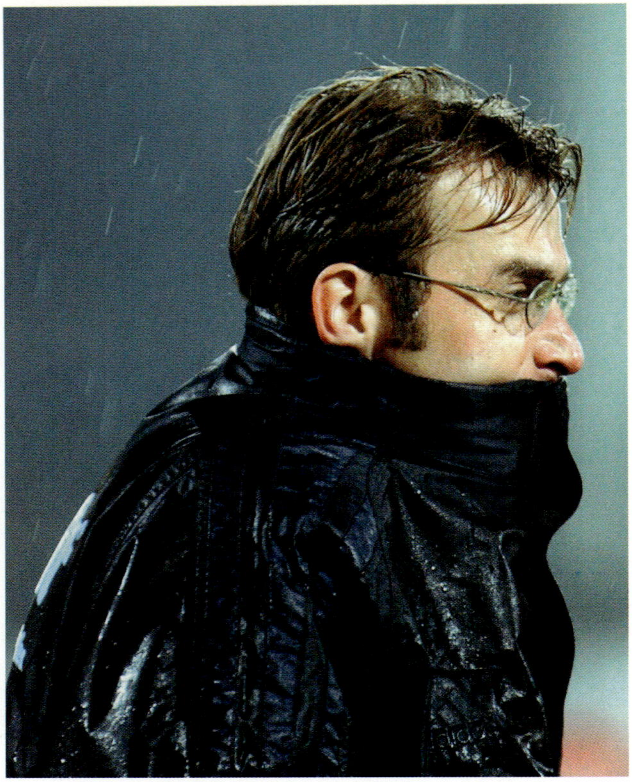

Wetterfest und sturmerprobt: Trainer Jürgen Klopp.

dennoch bereits für einigen Wirbel sorgende Transfer des 22-Jährigen zum vom Ex-Nationalspieler Kevin Keegan trainierten englischen Premier-League-Aufsteiger zunächst vertagt. Als Ablöse für den bei Mainz 05 bis 2004 unter Vertrag stehenden Abwehrspieler machten drei bis 3,5 Millionen Euro die Runde.

Auf zum Showdown

Zurück zum längst eingeläuteten Endspurt. Als drittletzte Station stand Duisburg auf dem Terminkalender. Wohl niemand hatte das 4:4 im Hitchcock der Vorrunde vergessen. Zusätzlich wurde die Erinnerung an den 1. Juni 1996 wach, als die Mannschaft zum – mit 3:0 gewonnenen – »Überlebenskampf« im vorletzten Saisonspiel von 3000 Anhängern in Sonderzügen in die Stadt mit dem größten Binnenhafen der Welt begleitet wurde. Diese Anzahl bezeichnete Teammanager Axel Schuster (Heidel: »Er macht einen Riesenjob«) als »Maßstab« für den aktuellen Trip, bei dem es laut Klopp diesmal »um den größten Erfolg in der Vereinsgeschichte« ging. Der bei optimaler Konstellation – eigener Sieg, Bielefelder Heimniederlage gegen Hannover – schon in Duisburg hätte Wirklichkeit werden können.

Mainzer Traumtheater

»Meine Jungs sind heiß, aber keineswegs euphorisch«, sagte der 05-Trainer aber auch; denn: die gastgebenden »Zebras« galoppierten in jüngerer Vergangenheit auf dem heimischen Anger derart flott und zielsicher einher, dass sie seit 7. Dezember 2001 im Wedaustadion nicht mehr verloren, sondern stattdessen in sieben Matches bei 21:4 Toren 19 von 21 möglichen Punkten gegrast hatten. Vorsicht war also angezeigt. Dies umso mehr, als Nkufo aufgrund einer bei einem Lehrgang der Schweizer Nationalmannschaft in St. Gallen erlittenen Oberschenkelzerrung kurzfristig ausfiel. Was sich für Klopp als »großer Mist« darstellte.

Doch von wegen Vorsicht: Klopps Mannen trumpften stattdessen derart selbstsicher und brillant auf, dass das Mainzer Traumtheater seiner Vollendung entgegenzustreben schien. Andrej Voronin lochte schon in der sechsten Minute ein, und weitere Tore waren angesichts sich häufender Chancen offenbar nur eine Frage der Zeit. Indes: sie blieben ungenutzt, und so kam schließlich, was kommen musste. In der 72. Minute glich der MSV durch den Tschechen Pavel Drsek, der im Übrigen auch in Mainz zum 4:4 getroffen hatte, zum 1:1 aus. Und damit hatte es sich vor 9544 Zuschauern, darunter mit 18 Sonderzügen (5,05 Euro pro Kopf) und sonstwie angereiste knapp 4000 sangesfreudige Fans (»Steht auf, wenn Ihr Mainzer seid«) aus der Gutenbergstadt. Die von Kapitän Wache einmal mehr eine Streicheleinheit erfuhren: »Sie waren supertoll.« Gehadert wurde überwiegend wegen der Fahrlässigkeit, zwei weitere und zum Greifen nahe Zähler gleichsam liegen gelassen zu haben. »Das tut schon weh«, knotterte Vereinschef Strutz. Was Klopp »sehr, sehr störte« und weshalb er »angefressen« sei, war, dass seine eine »Sensations-Halbzeit« hinzaubernde Mannschaft »einen Sieg verdient gehabt hätte, nun aber nur einen Punkt hat«. In Sachen Aufstieg setzte der 34-Jährige nunmehr sein ganzes Vertrauen in die Gerechtigkeit:

Wer will noch mal, wer hat noch nicht? Michael Thurk beim Einwurf.

»Wenn es davon nur ein bisschen gibt, werden wir die Sache nächste Woche regeln.« Genauso sah es Manager Heidel: »Wir haben das nur verschoben. Gegen Fürth wird es jetzt aber einen Krimi geben.« – Bevor wir zu diesem Showdown kommen, zunächst ein Blick auf die Tabellenspitze nach dem 32. und vorletzten Spieltag, an dem Bielefeld mit einem 3:2 gegen Hannover seine letzte Chance wahrte: 1. Hannover 69, 2. Mainz 63, 3. Bielefeld 61, 4. Bochum 59, 5. Fürth 58.

Das Drehbuch abrunden

Und dann kam er, der 28. April 2002, der nach den Vorstellungen und Wünschen aller Nullfünfer in der Chronik des Vereins fortan den Ehrenplatz hoch drei hätte einnehmen sollen. »Letztendlich ist es mir egal, wann wir es perfekt machen. Zu Hause gegen Fürth – das würde das Drehbuch schön abrunden.« So hatte Niclas Weiland knapp zwei Wochen zuvor eine Vision. Aber Pustekuchen. Denn im rappelvollen und mit 15 500 Zuschauern, darunter sogar ein eigens aus Australien (!) angereister Fan, seit zwei Wochen ausverkauften Stadion hieß es nach Ralph Hasenhüttls Kopfballtreffer zum 0:1 (49.) und Michael Thurks Abstauber zum 1:1 nach Voronins Lattenknaller (64.) am Ende der spannungsgeladenen Partie gerechterweise 1:1. Und das reichte in Anwesenheit von Ministerpräsident Kurt Beck und eines Großteils der vom Verein eingeladenen Mannschaft von Mainz 05 (u. a. Trainer Herbert Dörenberg, Charly Mähn, Moppes Petz, Jürgen Janz, Bimbo Bopp), die 1982 Deutscher Amateurmeister geworden war, eben nicht; denn Mitbewerber Bochum hatte in der 88. Minute den 2:1-Siegtreffer gegen Berlin geschafft und wies damit statt vier nur noch zwei Zähler Rückstand auf das Klopp-Ensemble auf. Ob es ein böses Omen war, dass der sich selbst in Topform präsentierende, die Besucher jedoch zwischenzeitlich zu mehr Leidenschaft (»Es ist ziemlich ruhig auf den Rängen«) anfeuernde Stadionsprecher Klaus Hafner ein kleiner Versprecher unterlief? Denn als die Hausherren nach der Pause auf den Rasen zurückkehrten, meinte der 48-Jährige über das Stadion-Mikro: »Ich begrüße unsere Mannschaft zur Zweiten Liga ...«

Oben: Matchball vergeben – Ernüchterter Andrej Voronin.
Unten: Enttäuschung auch bei diesem jungen Fan.

Stille im Stadion

Nach dem Schlusspfiff war es zunächst fast mucksmäuschenstill im Stadion, das akustisch wie leer wirkte. Anstelle überschwappender Rosenmontags-Stimmung, inklusive eines für den nächsten Tag generalstabsmäßig vorbereiteten Umzugs mit allen närrischen »Zutaten« einer furiosen Sause in der City, machten sich Enttäuschung und Betroffenheit allenthalben breit. Nun galt es, das Werk acht Tage später bei Union Berlin zu vollenden. »Jetzt wird es eine ganz harte Woche«, prognostizierte Harald Strutz, um jedoch im gleichen Atemzug anzufügen: »Da werden wir uns einen Punkt schnappen, und dann sind wir aufgestiegen.« Auch Jürgen Klopp, kaum konnte es anders sein, gehörte zu den Ersten, die wieder Optimismus ausstrahlten. »Buch zu für heute, Ruhe bewahren und dann geht's weiter«, empfahl der 34-Jährige und kündigte für den Saison-Kehraus an der Spree an: »Wir fahren dahin, um drei Punkte zu holen.« Auch Christian Heidel zeigte sich »felsenfest überzeugt«, dass man das gegen Fürth versäumte Einfahren der Ernte in Berlin nachholen würde. Nicht anders Torwarttrainer Stephan Kuhnert. »Die big points, die wir machen wollten und mussten, haben wir immer gemacht – das wird diesmal nicht anders sein«, war sich der eh stets gute Laune verströmende 41-jährige Ex-Keeper sicher. »Wir brauchen ja nur noch einen Punkt«, fasste Torschütze Thurk zusammen, »wenn wir den nächste Woche holen, dann werden wir über die lachen, die heute über uns lachen«. Zuvor aber noch ein Blick auf die Tabellenspitze nach dem 33. und vorletzten Spieltag hinter Meister Hannover (72 Punkte): 2. Mainz 64 Punkte/65:35 Tore, 3. Bielefeld 62/65:37, 4. Bochum 62/66:48, 5. Fürth 59/61:36. Und am letzten Spieltag standen auf dem Programm: Berlin – Mainz, Bielefeld – Ahlen, Aachen – Bochum und Fürth – Hannover.

Bundesliga-Traumschiff verpasst

Angesichts des beruhigenden Zwölf-Tore-Vorsprungs auf Bochum hätte im Stadion in der »Alten Försterei« in der Tat schon ein Unentschieden genügt, um endlich ans Ziel

aller Wünsche zu gelangen. Die Ergebnisse der Konkurrenz hätten, aus Mainzer Sicht, in diesem Fall noch nicht einmal die zweite Geige gespielt. Doch dann gerieten zu Beginn des Wonnemonats alle Wünsche zu Makulatur, fügte sich dem Trauma des vergebenen Matchballs vom 11. Juni 1997, als die Mannschaft im ersten Aufstiegs-»Endspiel« der Vereinsgeschichte beim VfL Wolfsburg mit 4:5 unterlegen war, ein zweites hinzu. Denn auch diesmal wurde der letzte Matchball vergeben. Konkret: am 5. Mai um 16.52 Uhr hatte der Klassen-Dino mit einer 1:3-Niederlage beim gastgebenden Aufsteiger in Köpenick das Besteigen des Bundesliga-Traumschiffs verpasst. Für das ihm die DFL im Lizenzierungsverfahren schon im Vorfeld das Patent ausgestellt hatte. Während am und um den Bruchweg Tränen flossen, lachte sich die jeweils mit 3:1 siegreiche Konkurrenz aus Bielefeld (gegen Ahlen) und Bochum (in Aachen) ob der geglückten Bundesliga-Rückkehr ins Fäustchen.
Der Verlauf der letzten Etappe des Mainzer Fußball-Märchens ohne Happy End, mit den sportlichen Details und mit den Nebengeräuschen, ist auf den ersten Seiten dieses Buches ausführlich nachzulesen. Deshalb beschränken wir uns an dieser Stelle abschließend darauf, zwei weitere 05-Bestmarken anzumerken, die trotz der zum Schluss abgrundtiefen Enttäuschung Erwähnung verdienen. Nämlich: Total 167.743 Zuschauer in 17 Heimbegegnungen ergaben für 2001/2002 einen durchschnittlichen Besuch ganz nahe an der Schallmauer von 10.000. Exakt: 9.867. Und: Mit 64 Punkten, die bisher allemal zum Aufstieg reichten, ist das Klopp-Ensemble nunmehr der beste Zweitliga-Vierte aller Zeiten. Etwas kaufen können sich die 05er dafür freilich nicht.

Er kann es nicht fassen: 05-Chef Harald Strutz nach dem Scheitern aller Träume in Berlin.

Absolute Leere und Traurigkeit bei Manager Christian Heidel (rechts) und Vorstandsmitglied Manfred Thöne.

Amadeus

»Wir spielen, um zu gewinnen. Das ist in jedem Spiel so, nur es klappt nicht immer.«

Vorspiel

Es war einmal...

Wie das Fußballmärchen begann

Musste am 27. Februar 2001 am Bruchweg vorzeitig die Koffer packen: Trainer Eckhard Krautzun.

Der jetzt in allerletzter Minute verpasste Bundesliga-Aufstieg der 05er hätte die finale Krönung oder Teil zwei eines Fußball-Märchens bedeutet. Begonnen hatte das fast vollzogene Wunder mit Teil eins bereits anno 2001. Und zwar, wie hätte es in Mainz anders sein können, in der närrischen »fünften Jahreszeit«. Konkret: am Rosenmontag, 26. Februar. Doch eine Zugnummer nach der anderen – helau bzw. pardon: Alles schön der Reihe nach.
Also. Spätestens nach der 1:3-Schlappe tags zuvor in Fürth und damit sieben Matches in Serie ohne Sieg brannte am Bruchweg der Baum. Und zwar lichterloh. Im Klartext: der 17. und vorletzte Platz mit mickrigen 19 Zählern schien den Abstieg nahezu schon zu zementieren, zum rettenden Rang 14 fehlten nach dem 22. Spieltag bereits fünf Punkte.
»Jetzt bläst auch Krautzun der Wind ins Gesicht«, titelte die Mainzer »Allgemeine Zeitung«. Da war guter Rat teuer. »Wir müssen rasch entscheiden, mit welcher Konstellation man die größte Möglichkeit hat, die Zweite Liga zu erhalten.« So der krisenerprobte Manager Christian Heidel.
Zunächst durfte Trainer-Oldie Eckhard Krautzun, der erst am 21. November 2000 den eine Woche zuvor wegen anhaltender Erfolglosigkeit – nur zwölf Punkte in zwölf Spielen – entlassenen Belgier René Vandereycken beerbt hatte, am Rosenmontag mit der Mannschaft noch ins Trainingslager nach Bad Kreuznach reisen. Und dort am Morgen sogar noch eine Übungseinheit leiten. Doch 24

Stunden später hatte der Heppenheimer, der in seiner Mainzer Amtszeit bei drei Unentschieden und fünf Niederlagen lediglich einen Dreier zu verzeichnen hatte, die Entlassungsurkunde in der Hand. »Die Lage war so dramatisch, dass wir reagieren mussten«, beschrieb Präsident Harald Strutz die Beweggründe für diesen Schritt. »Ich hätte mir zugetraut, die Mannschaft zu retten, was mir gefehlt hat, war allein die Fortune«, kommentierte der 60-Jährige seine Beurlaubung, deren Vollzug er gleichwohl als »sehr stilvoll« charakterisierte. Und der Fußball-Weltenbummler bewies gleichermaßen Stil, indem er seinem Ex-Arbeitgeber zum Abschied »alles Gute« wünschte.

Den Schalter umlegen

Die guten Wünsche, und diese am besten gleich gebündelt, konnte damit auch Jürgen Klopp dringend gebrauchen. Denn den Abwehr-Haudegen, der nach Auskurieren einer Magen- und Darmgrippe und acht Kilo (!) Gewichtsverlust in Fürth selbst noch 67 Minuten die Gehwerkzeuge geschwungen hatte, präsentierte der 05-Vorstand am Fastnacht-Dienstag als Krautzun-Nachfolger. Zumindest vorerst, und dies mit dem bisherigen Torwart-Trainer Stephan Kuhnert als »Co« an der Seite, für die beiden folgenden (Heim-)Begegnungen.
Strutz sprach von einem »anderen«, aber dem »besten Weg, den wir in dieser Situation einschlagen konnten«. Erklärte ungeachtet dessen aber auch, nach einem anderen Trainer zu suchen – Termin der Vorstellung: offen. Heidel orakelte: »Ob die Entscheidung richtig war, wissen wir am 20. Mai.« An jenem Tag stand der Rundenausklang beim SV Waldhof an.
Trainer-Novize Jürgen Klopp selbst sah akut als größtes Manko die fehlende »klare Linie« und forderte entsprechend: »Das müssen wir brutalst schnell regeln. Wir müssen den Schalter von jetzt auf eben umlegen. Bei uns ist zu wenig Feuer drin.« Und: »Wir müssen uns wieder kompakt verhalten und uns da aufstellen, wo wir dem Gegner wehtun können. Fußball ist doch gar nicht so schwer.« Ende der Durchsage und auf zum Gefecht. Das Erste von insgesamt noch deren zwölf stand dann schon tags darauf an. Wie wenig Vertrauen die einheimischen Fans noch in die 05-Kicker besaßen, dokumentierte die schmale Kulisse. Nur 4576 Zuschauer hatten sich am Aschermittwoch im Bruchwegstadion eingefunden. Sie allerdings sorgten für eine Riesenstimmung – halt so, wie man es im traditionellen Abstiegskampf der zurückliegenden Jahre gewohnt war. Und gemeinsam mit den 05-Verantwortlichen konnten diese Anhänger nach 90 Minuten mit dem 1:0-Sieg in der Nachholpartie gegen den MSV Duisburg das lang ersehnte Erfolgserlebnis bejubeln. Das hatte es zuvor letztmals am 3. Dezember 2000 zum Krautzun-Heimdebüt ausgerechnet mit einem 2:0 gegen den – bis dahin ungeschlagenen – späteren Meister und Bundesliga-Rückkehrer 1. FC Nürnberg gegeben.
»Endlich hat die Mannschaft so gefightet, wie ich sie in den letzten zwei Jahren nicht mehr gesehen habe«, lobte Christian Heidel den dynamischen und vitalen Auftritt der Landeshauptstädter, wie auch Kapitän Dimo Wache Licht am Ende des Tunnels erblickte: »Plötzlich ist Feuer drin.« Torschütze Christof Babatz: »Wenn wir heute nicht gewonnen hätten, wären wir weg vom Fenster gewesen.

Bravo, weiter so: Beifall und Motivation in einem von Jürgen Klopp.

Eine Einheit mit den Fans: Blaise Nkufo, Sandro Schwarz, »Fußballgott« Sven Demandt, der den Verein nach siebeneinhalb Jahren verlässt, Jürgen Klopp und Christian Hock (von links).

Das war unsere letzte Chance.« Klopp, der seit 1990 in 325 Punktetreffen die Stiefel für Mainz 05 geschnürt hatte, blieb bei aller Freude (»Das war ein geiles Spiel, ich bin richtig stolz auf die Mannschaft«) auf dem Teppich und mahnte: »Wir sind wieder im Rennen, mehr aber auch nicht. Ich sehe den Jungs an, dass sie sich bewusst sind, dass wir erst eine Etappe auf einem langen Weg geschafft haben.« In Zahlen ausgedrückt: Als Tabellen-Fünfzehnter. betrug der Abstand auf Platz 14 (Ulm) nur noch zwei Punkte.

Fast zwangsläufig kam nach dem siegreichen Einstand sowie der praktisch im gesamten Umfeld verblüffend nahtlosen Akzeptanz und Wertschätzung des damals 33-Jährigen die Frage auf, ob »Kloppo« sich nicht nur auf eine Interimslösung reduzieren solle, sondern eine dauerhafte Einrichtung werden könne. »Ich kann mir alles vorstellen«, meinte dazu Manager Heidel sibyllinisch. Und avisierte für Sonntag (4. März), einen Tag nach dem Duell gegen Chemnitz, ein Gespräch des 05-Führungszirkels. »Wie das in der nächsten Zeit weitergeht, ist erst einmal zweitrangig«, setzte Klopp seinerseits zu diesem Thema eine eindeutige Priorität – und konzentrierte den Blick ausschließlich auf das nächste »Endspiel«. Und das bescherte mit dem – mühevollen – 3:1 gegen die vom Ex-Mainzer »Retter« Dirk Karkuth (19. April bis 30. Juni 2000) betreuten Chemnitzer nicht allein den zweiten Dreier in Folge, den enthusiasmierte 4872 Bruchweg-Besucher schon mit »Jürgen Klopp«-Sprechchören feierten. Sondern darüber hinaus beförderten die Tore von Blaise Nkufo (zwei) und Babatz den einstigen Teamkollegen Jürgen Klopp endgültig auf den Trainer-Sessel. Zunächst wenigstens bis zum Saisonende. Denn das vereinbarten Vorstand und Fußballlehrer 24 Stunden nach dem Sieg über den Absteiger aus Sachsen.

»Eigentlich musste ich nicht lange überlegen. Es ging dabei nicht um meine Person, und ich hätte jede Entscheidung des Vereins akzeptiert; denn das Einzige, was jetzt zählt, ist, die Klasse zu erhalten«, beschrieb Klopp seine Position zu der Übereinkunft. Für Harald Strutz war »die persönliche Entscheidung von Jürgen Klopp das Wichtigste«, nachdem Heidel bereits am Vortag noch auf dem Rasen geäußert hatte, dass es keine »triftigen Argumente« gebe, es nicht auch fortan mit dem Diplom-Sportlehrer zu versuchen.

Für Harald Strutz bedeutete das Festhalten an dem gebürtigen Stuttgarter für den – unverändert beschwerlichen – Rest der Runde »den Kick, den die Truppe gebraucht hat«. Die Mannschaft wisse nun, dass einer aus den eigenen Reihen »vorn dran« sei. Mit dieser Einschätzung befand sich der 05-Präsident in Einklang mit dem Trainer-Neuling, denn Klopp bestätigte: »Die Jungs wissen, dass ich mitten aus der Mannschaft komme und wovon ich rede.« Null Probleme erkannte auch Babatz in der neuen Rolle des einstigen Mitstreiters auf dem Rasen: »Der Verein hat ihn als Autoritätsperson eingesetzt, und das akzeptieren wir.« Und Heidel ließ durchblicken, dass die Partnerschaft auch über den Tag hinaus andauern könne: »Es gibt ein beiderseitiges Interesse, die Zusammenarbeit fortzusetzen.«

Nicht mehr zu bremsen

Fortsetzung folgt war vordringlich aber erst einmal im unverändert beinharten Unternehmen Klassenverbleib angesagt. Und das nahm dann auf weiter wundersame Weise seinen Lauf. Nach dem 1:1 am 25. Spieltag beim 1. FC Saarbrücken vor über 1000 mitgereisten »Schlachtenbummlern« (Wache: »Ihre Unterstützung war ganz wichtig für uns«) kletterten die Mainzer erstmals seit dem 15. Spieltag als Tabellen-Vierzehnter. auf einen Nichtabstiegsplatz. Nur wenige Tage später vereinbarten Verein und Klopp (»Das war schnell geklärt«), im Falle des Klassenverbleibs die Partnerschaft fortzuführen.
Dies alles hatte augenscheinlich zur Folge, dass die Gutenbergstädter danach zunächst überhaupt nicht mehr zu bremsen waren. 2:0 gegen Osnabrück, 2:0 in Ulm, 1:0 gegen Oberhausen (Thurk-Treffer in der allerletzten Minute!) und 4:2 in Hannover (nach 0:2-Rückstand!) nährten nachhaltig die »Überlebens«-Hoffnungen der 05er, die vor Rundenstart von nicht eben wenigen »Experten« als Abstiegskandidat Nummer eins gehandelt worden waren. Sechs Dreier bei nur einem Unentschieden waren die satte Ausbeute des ersten Siebener-Packs in der Ägide von A-Schein-Inhaber (seit 4. April 2000) Klopp, dessen Tätigkeit mittlerweile vom Deutschen Fußball-Bund (DFB) mit einer Ausnahmegenehmigung abgesegnet worden war.

Im Expertengespräch: Manager Christian Heidel (links) und Jürgen Klopp.

Ein Temperamentsbündel an der Seitenlinie: »Kloppo«.

Ein unnötiges 0:1 in Aachen bescherte zwar den ersten Dämpfer, nur ein Pünktchen gab es mit dem 1:1 gegen St. Pauli und rein gar nichts beim 0:1 in Nürnberg, wo sich die Rheinhessen als die bessere Einheit allerdings von Schiedsrichter Uwe Kemmling (Kleinburgwedel) verschaukelt fühlten. Jürgen Kramny stocksauer: »Er hat von Anfang an gegen uns gepfiffen.« Damit kam am 33. und vorletzten Spieltag dem Aufeinandertreffen mit LR Ahlen nachgerade hochexplosive Bedeutung zu. Schon vor dem Duell gegen St. Pauli hatte Heidel betont: »Spätestens am 33. Spieltag muss alles klar sein.«
Ja, und dem geschah dann so. Da am Sonntag, 13. Mai, zur gleichen Stunde Abstiegs-«Mitbewerber« Stuttgarter Kickers in Osnabrück mit 1:4 abgefiedelt wurde, genügte dem Klopp-Ensemble ein 2:2 gegen den Gast aus Westfalen, um die Ernte endgültig in trockene Tücher zu bringen. Sie benötigte anschließend auch Klopp, den Stürmer Thurk vor lauter Übermut kurzerhand mit einem Eimer Wasser geduscht hatte. Was des Sportwissenschaftlers Feiertagslaune nicht die Bohne trübte. »Das ist heute Erleichterung pur«, strahlte er mit Spielern, Verantwortlichen, Betreuern und den jubilierenden 6236 Fans um die Wette. Vereinschef Strutz frohlockte in der Rückblende: »In einer so aussichtslosen Situation Jürgen Klopp zum Trainer zu machen, war die genialste Personalentscheidung, die wir treffen konnten.« Gelohnt hatten sich unter dem Strich auch die nicht eben wenigen, überwiegend aus der Not geborenen Maßnahmen für Trainingslager oder Sonder-Züge und -Busse. Heidel: »In den vergangenen zwei Jahren haben wir gemeinsam mit unseren Sponsoren über 300 000 Mark in Fan-Aktionen investiert.«

Flächendeckende Euphorie

Die Fußballhelden selbst waren nach dem 2:2 gegen Ahlen angesichts der zurückliegenden (Nerven-)Anspannungen und Belastungen sowie der Hitze teilweise derart gerädert, dass sie relativ rasch in der Kabine verschwanden. Sandro Schwarz und Michael Thurk ließen es sich freilich nicht nehmen, kurz nach dem alle Sorgen vertreibenden Schlusssignal mit knallrot gefärbtem Haarschopf in der Arena aufzukreuzen. Schwarz: »Von mir ist eine Zentnerlast gefallen.«
In die flächendeckende Euphorie mischte sich lediglich ein wenig Wehmut. Denn der bei den Anhängern so überaus beliebte »Kühlschrank« Sven Demandt, vor dem Anpfiff von Strutz mit einem Blumengebinde und von den Rängen mit Transparenten und Ovationen verabschiedet, streifte in einem vierminütigen Kurzeinsatz letztmals vor heimischem Publikum den seit 1994 getragenen 05-Dress über. Eine Woche später beendete der »Kühlschrank« in Mannheim mit seinem 180. Spiel für Mainz (mit total 55 Toren) endgültig seine aktive Laufbahn. »Sicher tut das Aufhören weh, aber wenn man so lang gespielt hat wie ich, steht man ein bisschen über den Dingen«, zog der 36-Jährige das Fazit seiner – erfolgreichen – Karriere. Das Aufhören falle ihm obendrein leichter, da er »eine gute Aufgabe gefunden habe«: der Vollblutstürmer a. D. wechselte ins Sportmanagement des Vereins und nahm später anstelle des ausscheidenden Friedhelm Aust auch noch die A-Junioren unter seine Fittiche. Außerdem, und damit ließ er fast hellseherische Fähigkeiten erahnen, hatte der gebürtige Kölner das permanente Ringen um den Klassenverbleib etwas dicke: »Immer nur Abstiegskampf – da stumpfst du ab. Vom

Bei den 05-Anhängern begehrt: Autogramme des 05-Trainers.

Gefühl her denke ich, dass wir nächstes Jahr eine andere Rolle spielen.«
Überdimensional krachen ließ es Mainz 05 nach der wieder einmal geglückten Rettung nicht. Mannschaft, Trainer und Vorstand genossen das befreiende Gefühl nach dem entscheidenden Punktgewinn gegen Ahlen im Favorite-Biergarten eher etwas verhalten. »So richtig feiern werden wir nächste Woche«, kündigte Christian Heidel an. Und zwar gemeinsam mit den Fans auf der Heimfahrt aus Mannheim mit einem Rheindampfer der Köln-Düsseldorfer.
Zuvor sollte ein Sieg den positiven Schlusspunkt hinter eine aufregende und wechselhafte, letztlich jedoch versöhnliche Saison setzen. Doch daraus wurde nichts. Im ausverkauften Carl-Benz-Stadion gab es vor 23 500 Zuschauern, darunter etwa 2000 aus Mainz, trotz ansprechender Leistung mit 0:4 einen auf die Mütze. Ungleich betrübter als die unterlegenen Gäste aus der rheinland-pfälzischen Metropole schlichen freilich die gastgebenden Kurpfälzer vondannen, denen trotz des glatten Siegs der nahe Bundesliga-Aufstieg vom FC St. Pauli vor der Nase weggeschnappt wurde.
Bei der rund 1650 Köpfe zählenden 05-Expedition mit Spielern und deren Frauen, Trainern, Vorstand, VIP-Club und Fans ging bei der Rückreise auf dem Motorschiff »Wappen von Mainz« auf vier Decks mit Salons, Bars und Discos dagegen die Post ab, machten Stephan Kuhnert, Dimo Wache und Torsten Lieberknecht als Freizeit-Troubadoure der Band »Motorcop« stimmgewaltig Konkurrenz. Kapitän Wache hatte außerdem ein Anliegen. »Sie haben einen großen Anteil daran, dass wir nicht abgestiegen sind«, formulierte er eine Laudatio an die Adresse der treuen Fans – als äußeres Zeichen des Dankes wurde in Mainz in Höhe des Rathauses ein bengalisches Feuerwerk gezündet, bevor bis 1 Uhr an Bord weiter das Tanzbein geschwungen wurde.
Das letzte Wort dieses Kapitels soll dem im Rekordtempo vom Fußballmalocher zum Sympathieträger und Heilsbringer mutierten Jürgen Klopp gehören, dem Architekten des zuvor vielfach nur noch von notorischen Optimisten für möglich gehaltenen erfolgreichen Abstiegskampfs. »Wenn ich bei meinem Amtsantritt hochgerechnet hätte, dann hätte ich wohl gesagt: Das schaffen wir nicht. Komischerweise haben alle lange gedacht, wir packen das nicht. Nach dem Hannover-Spiel haben mir die Leute dann schon zum Klassenerhalt gratuliert. Da bin ich stinkig geworden. Ich bin zufrieden, weil wir das erreicht haben, was ich erwartet hatte. In vielen Situationen war ich auf die Mannschaft stolz, auch wenn der Abstiegskampf an die Nerven ging und wir das nicht noch einmal haben wollen.«
Abschließend noch etwas für die Statistiker: In den ersten zwölf Zweitliga-Begegnungen unter seiner Regie »erwirtschafteten« die Mannen von Klopp mit sechs Siegen, drei Unentschieden und drei Niederlagen bei 17:13 Toren 21 Punkte. Das bedeutete mit insgesamt 40 Zählern in der Endabrechnung Rang 14. Wie heißt es? Ende gut – alles gut. So isses. Doch da jedes Ende zugleich einen neuen Anfang verkörpert, bildete die Schlussetappe der Saison 2000/2001, die so ungeahnte Frühlingsgefühle und Appetit auf mehr weckte, gleichsam schon den Prolog der Zweitliga-Tour 2001/2002.

DIE RICHTIGE
ENTSCHEIDUNG.
Interim-Management
Zeitlich befristete Besetzung von Führun
positionen und Durchführung von Projek
mit erfahrenen Managern und Beratern.
Personalberatung
Identifikation und Rekrutierung von erfa
renen Fach- und Führungskräften.
Zeitpersonalservice
Professionelle Unterstützung durch hoch
qualifizierte Spezialisten.
Wir vermitteln kaufmännische Fach- und Führungskräfte auch für Ihre Mannschaft.
Nicht umsonst sind wir Marktführer für Personal-Dienstleistungen im Finanz- und Rechnungswes
Entscheiden Sie sich für die Profis der Amadeus AG!
WWW.AMADEUSAG.COM
AMADEUS AG • Stresemannallee 30 • 60596 Frankfurt • Tel. (0 69) 96 876-250 • Fax (0 69) 96 876-299 • Mail: info@AmadeusAG.de

Präsidium

»Dieser Vorstand arbeitet mit sehr viel Sachverstand und finanzieller Vernunft.«

Von Mächtigen und Ohnmächtigen

Teamgeist im Führungszirkel

Vorstands-Klassentreffen: Christian Heidel, Peter Arens, Jürgen Doetz, Hubert Friedrich, Harald Strutz und Manfred Thöne (von links).

Der Vorstand eines Vereins hat sich, bitteschön, zu kümmern – und sich ansonsten gefälligst hübsch bedeckt zu halten. So nicht eben selten das Bild der Ehrenamtler in der Öffentlichkeit. Dort werden die Herren (immer noch in großer Überzahl) und Damen zumeist nur dann vermehrt wahrgenommen, wenn es sportlich oder/und wirtschaftlich »nicht läuft«. In diesem Fall erfolgt die Wahrnehmung jedoch zumeist höchst unfreundlich und kritisch, denn an der Misere sind nach Überzeugung der (notorischen) Besserwisser in der Regel ausschließlich »die da oben« schuld. Nun, dies alles haben die Vorständler von Mainz 05 schon erlebt. Sieht man von ganz wenigen Ausnahmen ab, sitzt gleichwohl praktisch seit Amtsantritt von Präsident Harald Strutz im Jahr 1988 unverändert das gleiche Team im Führungszirkel. Doch dies nicht (nur), weil die Herren hart im Nehmen sind; sondern, und das machen sie unisono deutlich, weil sie sich mit allen Sinnen dem Bruchweg-Klub verschrieben haben, etwas auf die Gänge bringen wollen – und über einen tollen Teamgeist verfügen.

Wer ist nun diese Männerrunde, wer macht was bei Mainz 05 und im »richtigen Leben«? Das soll nachfolgend etwas erhellt und vorgestellt werden. Mit Ausnahme von Strutz und Manager Christian Heidel, die

gesondert in längeren Interviews ihre Sicht der Dinge darlegen (s. Seiten 93).
Kommen wir damit zu den verbleibenden »glorreichen Sieben«. Als da sind die »Vizekanzler« Peter Arens (Strutz: »Ein Freund von uns allen und unersetzlich für den Verein«), Jürgen Doetz und Karl-Heinz Elsäßer sowie Friedhelm Andres, Hubert Friedrich, Bernhard Geitel und Manfred Thöne.
Coiffeur Arens, der unumwunden einräumt, außer Mainz 05 keinem weiteren Hobby nachzugehen, kümmert sich hauptsächlich um den VIP-Club, deren Sprecher er einst war (seinerzeit Strutz als Vize). Der 65-Jährige (»Ich bin ein Teammensch«) sieht es als eine seiner vordringlichsten Aufgaben an, auch künftig »mitzuhelfen, dass in Mainz das Gemeinschaftsgefühl für unseren Verein« weiter wächst. Dieses »Gemeinschaftsgefühl« zeichne des Weiteren nicht nur die Arbeit im Vorstand aus (»Es sind Freundschaften entstanden«), sondern sei gleichfalls einer der Schlüssel zum diesjährigen sportlichen Erfolg. Zu dem neben Trainer Jürgen Klopp nicht wenig auch Co-Trainer Zeljko Buvac und Torwart-Trainer Stephan Kuhnert beigetragen hätten. Klopp bezeichnet der Senator der weltweiten Fachorganisation Intercoiffure als »absoluten Glücksfall«: »Ich bin bei jeder Spielersitzung dabei – alles, was er sagt, könnte man drucken.« Dabei erinnert Arens schmunzelnd daran, dass er 1990 den gebürtigen Stuttgarter von Rot-Weiß Frankfurt an den Bruchweg holte.

Ein bisschen mehr Lobby bitte

Als »größter Glücksfall« wird »Kloppo« auch von Elsäßer charakterisiert (»Er passt menschlich hierher«), der seit acht Jahren mit Hingabe die 05-Handballabteilung betreut. Und wie erklärt der seit kurzem 50-Jährige, der seit drei Jahren gemeinsam mit einem Partner in Wörrstadt eine Agentur für Handelsberatung (»Wir handeln mit allem ...«) betreibt, den tollen Aufschwung der vor Saisonstart vielfach als Absteiger Nummer eins gehandelten Mannschaft? Der in Harxheim wohnhafte Familienvater zweier Töchter, der sich in Mainz noch »ein bisschen mehr Lobby für den Sport allgemein« und eine

Da kommt Freude auf: Vizepräsident Peter Arens (hinten) und Vorstandskollege Bernhard Geitel.

weitere Verbesserung der Infrastruktur wünscht: »Er bestätigt die Tatsache, dass Kontinuität und eine gewisse Qualität sich irgendwann durchsetzen und dass über Jahre ordentlich gearbeitet worden ist.« Dies trotz »aller Rückschläge«.

Liebe zum Spiel mit rundem Leder

Jürgen Doetz, der »Mann im Hintergrund«, ist bevorzugt bei der Suche und Betreuung von Sponsoren ein Aktivposten. Die wirtschaftliche Kompetenz des gelernten Journalisten und früheren Regierungssprechers der rheinland-pfälzischen Landesregierung unter Bernhard Vogel halfen Mainz 05 schon mehrfach, ökonomisch ergiebige Türen zu öffnen. Die Motivation für seine Mitarbeit im 05-Vorstand (seit 1988) bezog der gebürtige Heidelberger nach eigenem Bekunden neben seiner Liebe zum Spiel mit dem runden Leder (»Fußball war für mich schon immer die Sportart Nummer eins«) aus seiner beruflichen Funktion. Als Geschäftsführer des ehemaligen 05-Hauptsponsors SAT 1 (1988–92) habe er, so argumentierte der heute 57-Jährige damals, »mein Hobby Mainz 05 unterstützen« können. Mittlerweile in Berlin im

Mit Herzblut bei der Sache: die 05-Vizepräsidenten Karl-Heinz Elsäßer (links) und Jürgen Doetz (rechts).

Geschäftsführenden Vorstand von Pro7/SAT 1 in verantwortlicher Position tätig, verpasste der einstige Schwimmer und Wasserballer (beim Bundesligisten SC Neustadt) die sportliche Krönung der 05er am 5. Mai vor Ort gleichsam in einem »Heimspiel«.
Wie seine Vorstandskollegen bezeichnet auch Jugendleiter (seit 1995) Hubert Friedrich die Trainer-«Installierung« von Klopp und dessen Arbeit als »ganz entscheidenden Aspekt« des – trotz des bitteren Dämpfers im Finale – sportlichen Höhenflugs: »Er ist ein Naturtalent, der geborene Trainer, der die richtige Sprache findet.« Die Mannschaft passe »menschlich und charakterlich zusammen«, es gebe »keinen Star, der anderen was missgönnt und keine Neider«. Kurzum: diese »ehrliche Kameradschaft« sei ein »ganz wichtiger Schlüssel zum Erfolg«. Was die Zukunft seines zuletzt von Manchester City umworbenen Sohnes Manuel angeht, gebe es »mehrere Alternativen«, wobei sich der 23-Jährige »emotional« eher seinem gegenwärtigen Umfeld verbunden fühle. Bei der Entwicklung des »lernbegierigen« Abwehrspielers sei »das Ende der Fahnenstange noch nicht erreicht«. Ihm selbst, so der 54-jährige Oberstudienrat für Sport und Geschichte am Mainzer Schlossgymnasium, mache es »sehr viel Spaß«, das im Zuge des Lizenzierungsverfahrens für Erste und Zweite Liga vorgeschriebene Nachwuchs-Leistungszentrum aufzubauen.
Für Bernhard Geitel begründet sich der sportliche Erfolg vor allem »in den psychologischen Fähigkeiten, mit denen Jürgen Klopp die Mannschaft führt«. Der 34-Jährige sei schlicht »super – mehr kann man da nicht sagen«. Der 54-Jährige Inhaber einer Gebäudereinigungs-Firma mit rund 600 Mitarbeitern verweist aber auch auf den wirtschaftlichen Erfolg des Vereins: »Dieser Vorstand arbeitet mit sehr viel Sachverstand und finanzieller Vernunft.« Dabei erfolge diese Zusammenarbeit, so der in Hechtsheim ansässige Innungs-Obermeister, in einer »menschlichen Verbundenheit, die man selten findet«. Was seinen eigenen Zuständigkeitsbereich im Bruchweg-Klub anbelangt, der Sicherheit und dem Ordnungsdienst, wünscht sich der gebürtige Gonsenheimer (»Das geschah im Treppenhaus und die Amerikaner, die unser Haus besetzt und uns in die Mansarde einquartiert hatten, guckten zu«) »nochmals 20 Millionen Mark, damit das Stadion richtig wird«.

Thönes Tipp

Manfred Thöne hatte vor Saisonbeginn auf eine Zweitliga-Platzierung »unter den ersten sechs« getippt. Was jetzt beinahe »passiert« ist, wäre für den ehemaligen Erste-Mannschafts-Spieler (Alemannia Laubenheim, TSG Hechtsheim, FV Budenheim) eine eher visionäre Option gewesen. Vater des Erfolgs sei »wahrscheinlich« Jürgen Klopp, mit dem der Verein gleichsam »einen Sechser im Lotto« gezogen habe. Dieser »Glücksfall« sei zudem der Ausfluss des »absoluten Vertrauens«, das der Vorstand in die sachkundige Arbeit Heidels habe. Wie der 47-Jährige generell die »nie für möglich gehaltene Kameradschaft« in diesem Gremium hervorhebt, so dass man trotz eigenen beruflichen Tagewerks gern der ehrenamtlichen Tätigkeit im und für den Verein nachgehe, an dem er »mit Leib und Seele« hänge. Hauptamtlich betreibt der gelernte Bankkaufmann und Sanitär- und Installationsmeister in Finthen eine Sanitär- und Heizungsbau-Firma (Pütz + Lehr), sein »Job« am Bruchweg ist die Organisation im

Optimistischer Blick in die Zukunft von Mainz 05: Schatzmeister Friedhelm Andres und Lebensgefährtin Danuta Knappek.

Stadion, wo er jetzt auch in die Umbauarbeiten involviert ist. Kommen wir last but not least zu Friedhelm Andres. Dem gebürtigen Weinolsheimer, der jetzt in Ebersheim lebt, fällt als Schatzmeister im Vorstand (seit 1990) bei Mainz 05, dessen Mitglied der 44-Jährige seit 1988 ist, unstreitig nicht die dankbarste oder angenehmste Aufgabe zu. Deshalb ein paar Fragen und Antworten mehr an den Diplom-Finanzwirt (FH) und Steuerberater mit einer eigenen Kanzlei in Mainz. Los geht's.

Worauf führen Sie den großen Erfolg der Mannschaft in diesem Jahr zurück?
Andres: Erstens auf eine qualitativ gute Mannschaft, dazu ein passendes Trainerteam. Zweitens auf einen Mannschaftsgeist im eigentlichen Sinne. Drittens auf eine beharrliche und konsequente Arbeit in allen Bereichen.
Was sagen Sie zu Jürgen Klopp?
Andres: Die ideale Besetzung für Mainz 05.
Wie hoch ist Ihr Puls bei wichtigen oder gar entscheidenden Spielen?
Andres: Auf 830...
Was ist am schwierigsten bei der Arbeit eines Schatzmeisters?
Andres: Die Tatsache, dass im Fußball wirtschaftliche Situationen nicht immer planbar sind.
Wie kriegen Sie bisher doch stets rechtzeitig und unfallfrei die Kurve?
Andres: Wir sind geübt im Überwinden von Fast-Abstiegssituationen, da lernt man, mit dem Druck umzugehen.
Hätte die Bundesliga für Mainz 05 wirtschaftlich und finanziell ein Abenteuer oder Risiko bedeutet?
Andres: Nein – losgelöst von den TV-Geldern.
Auch hypothetisch: Wäre eine hauptamtliche Schatzmeister-Tätigkeit für Mainz 05 in der Bundesliga angezeigt und käme sie für Sie in Betracht?
Andres: Sie wäre sinnvoll, für mich persönlich aber nicht denkbar.
Wie sieht der 05-Etat in der nächsten Zweitliga-Saison aus und mit wie viel Zuschauern im Durchschnitt kalkulieren Sie?
Andres: 9,5 Millionen Euro und 8000–8500 Zuschauer.
Warum üben Sie Ihre ehrenamtliche Tätigkeit aus?
Andres: Es ist der Reiz, mit »gleichgesinnten« Kollegen im Vorstand etwas zu bewegen.

Hängt mit Leib und Seile am Verein: Vorständler Manfred Thöne.

»Es ist ein unheimlich großes Vertrauen untereinander entstanden.«

Nahaufnahme

Mit Herzblut – solange das Feuer brennt

Der Präsident: Harald Strutz

Seit 14 Jahren auf dem Präsidentenstuhl: Harald Strutz – und kein bisschen amtsmüde.

Mainz 05 und der Name Strutz sind, zumindest beinahe, so etwas wie ein Synonym für »Familienbetrieb«. Denn: bevor Harald Strutz 1988 den Präsidentensessel bestieg und seither dort »thront«, hatte dieses Amt von 1949 bis zu seinem Tod 1956 schon Vater Walter inne. Bruder Walter (53), heute Leitender Ministerialdirigent im rheinland-pfälzischen Wirtschaftsministerium, kickte von 1960-68 am Bruchweg, und Bruder Wolfgang (67), bis zu seinem Ruhestand Inhaber und persönlich haftender Gesellschafter der Frankfurter BHF-Bank, saß von 1972-74 im 05-Verwaltungsrat. Was Wunder, dass der ehemalige Klasse-Drei- und Weitspringer, zumal ein echter »Meenzer«, seine Funktion mit Herzblut und höchster Intensität ausübt – und ans Aufhören noch keinen Gedanken verschwendet. Harald Strutz: »Solange es Spaß macht und das Feuer brennt, mache ich weiter.« Wie der 51-jährige Rechtsanwalt, der im Vorstand des Deutschen Fußball-Bundes (DFB) Sprecher der Zweitligavereine und in der Deutschen Fußball-Liga (DFL) stellvertretender Vorsitzender ist, Gegenwart und Zukunft des Bruchwegklubs sieht, das erläutert er in nachfolgendem Interview. Gleichermaßen tun dies aufgrund ihrer herausragenden Funktionen und Positionen anschließend auch Manager

Balltalent in Mantel und Schal: Ex-Leichtathlet Harald Strutz, bestaunt von Stadionsprecher Klaus Hafner.

Christian Heidel, Trainer Jürgen Klopp und Mannschaftskapitän Dimo Wache.

Herr Strutz, hatten Sie sich vorgestellt, dass es in der jetzt beendeten Saison so gut laufen würde – unbenommen des traurigen Finales?

Strutz: Absolut nicht. Ich ging davon aus, eine ruhige Saison zu verbringen. Wir haben einen riesengroßen Schritt nach vorn getan.

Wo liegen die Gründe und Ursachen für den Erfolg?

Strutz: Die hervorragende Zusammenarbeit des Trainer-Trios, an der Spitze Jürgen Klopp, die durch den Erfolg begünstigte Stimmung bei den Fans, in der Stadt Mainz sowie zwischen Mannschaft und Präsidium. Wichtig war in diesem Zusammenhang, dass die Spieler wissen, dass wir sie schützen und umgekehrt die Spieler die Entscheidungen respektieren, die wir fällen. Es ist ein unheimlich großes Vertrauen untereinander entstanden.

Was schätzen Sie besonders an Jürgen Klopp?

Strutz: Ich mag ihn ganz einfach. Es ist, in Verbindung zum Verein, eine echte Herzenssache daraus entstanden. Kloppo ist, nachdem wir ein schönes Stück Weges gemeinsam gegangen sind, genauso wie wir ein Teil von Mainz 05 geworden. Er ist ein Typ.

Gibt es Persönlichkeiten oder Institutionen, deren Engagement und Einsatz Sie spontan zusätzlich besonders hervorheben möchten?

Strutz: Ohne die akribische, manchmal sogar bremsende Art von Friedhelm Andres (Schatzmeister. Red.) wäre der wirtschaftliche Erfolg des Vereins, seine Solidität, Seriosität und Akzeptanz nicht eingetreten. Christian Heidel ist in seinem Wert für den Verein unbezahlbar, dabei ist als »Zuarbeiter« auch Axel Schuster (Teammanager. Red.) nicht zu vergessen. Jürgen Doetz (Vizepräsident. Red.) ist, ohne dass man große Worte über ihn machen darf, in schwierigen Situationen ein Garant für qualifizierte Hilfe. Im Grunde gelten Dank und Anerkennung ausnahmslos sämtlichen Vorstandskollegen und allen, die mit dem Verein zu tun haben, der auch bei ihnen zu einem wichtigen Bestandteil des Lebens geworden ist. Ich denke im Umfeld beispielsweise an das schon über zehn Jahre in der Betreuung des VIP-Clubs tätige Team und nenne stellvertretend Karin Janz oder Philipp Müller.

Fordert Solidarität unter den Profivereinen: Harald Strutz, Vorstandsmitglied im Deutschen Fußball-Bund und Vizepräsident der Deutschen Fußball-Liga.

Gibt es ein Geheimnis dafür, dass der Vorstand seit nunmehr 14 Jahren in nahezu unveränderter Zusammensetzung amtiert?

Strutz: Erstens verstehen wir uns menschlich hervorragend. Es gibt absolut keine Eifersüchteleien, jeder hat seinen Aufgabenbereich, der von den anderen anerkannt wird. Es gibt also kein hierarchisches Denken. Zum anderen haben wir viel Spaß bei unserer Arbeit, die wir im Übrigen auch für die Stadt Mainz leisten, und diesen Spaß haben wir auch in schweren Zeiten, die wir zusammen durchgestanden haben und in denen wir uns nie haben auseinander dividieren lassen. Das haben Mannschaft und Umfeld gemerkt – wenn es nicht so wäre, wären wir bestimmt schon abgestiegen.

Wie sehen nach der ersten großen Enttäuschung über den Nicht-Aufstieg Ihre Perspektiven für Mainz 05 aus?

Strutz: Wir dürfen bei aller Enttäuschung jetzt nicht in Ohnmacht verfallen. Denn ich glaube, dass wir nicht nur eine tolle Saison hatten, sondern sich sogar eine Faszination Fußball, eine Euphorie in der Stadt entwickelt hat, mit der keiner gerechnet hatte. Das wollen und werden wir weiter pflegen und fördern. Mit dem neuen Stadion bieten sich zusätzlich ganz andere Perspektiven. Wir hoffen, dass die treuen Fans weiter zu uns stehen, und wir werden unsererseits alles Erdenkliche tun, um die Mannschaft zusammenzuhalten.

Betreuen seit Jahren mit hohem Engagement die Mitglieder des VIP-Clubs: Werner Salzbrunn, Margit Böck, Karin Janz, Barbara Salzbrunn, Monika Zimmer, Astrid Badinger, Evelin Greilich und Philipp Müller (von links).

Da lachste dich kaputt: Harald Strutz (links) und Jürgen Klopp haben augenscheinlich allen Grund, quietschvergnügt zu sein.

Wo steuert der Profifußball in Deutschland mittel- und langfristig hin?

Strutz: Ich halte zum einen unter allen Profivereinen des Ligaverbandes einen Finanzausgleich für notwendig. In diesem Zusammenhang ist auch der Verteilungsschlüssel der TV-Gelder (zur Stunde 80:20 zu Gunsten der Ersten gegenüber der Zweiten Liga. Red.) zu hinterfragen, es wird ferner eine Diskussion über die Spielergehälter geben. Es muss eine Solidarität geben, und darunter verstehe ich, dass die Schere zwischen arm und reich nicht größer wird, sondern stattdessen auch die so genannten kleinen Vereine in die Lage versetzt werden, eine höhere Spielerqualität zu erreichen und so für Überraschungen sorgen können. Ein ausgesprochen schwieriges Thema, doch wenn es in diese Richtung keine ernsthaften Überlegungen gibt, brauchen wir den Ligaverband nicht.

Wenn Sie es erneut zu tun hätten, würden Sie nochmals Präsident von Mainz 05 werden?

Strutz: Ja, natürlich. Zwar hatte ich als damals 37-Jähriger eine völlig andere Persönlichkeitsentwicklung und auch völlig andere Aufgaben zu bewältigen, doch ein solches Amt ist das Salz in der Suppe. Man bekommt dort, von den Emotionen angefangen, das ganze Spektrum des Lebens geboten. Zweifelsfrei gibt es aber auch sehr große Belastungen, die man nur mit Freunden und viel investiertem Herzblut durchstehen kann.

Braucht man als Präsident ein dickes Fell – und haben Sie eins?

Strutz: Beide Fragen beantworte ich mit Ja. Wobei es freilich in den ersten Jahren bei mir mit Sicherheit noch nicht der Fall war. Doch ich habe im Laufe der Zeit viele Erfahrungen gesammelt und mir das dicke Fell angeeignet. Außerdem: Christian Heidel ist ein in höchstem Maße angesehener Manager der Bundesliga, meine Funktionen im DFB und in der DFL dokumentieren eine Anerkennung der gesamten Vereinsführung, ich bin sehr gut eingebunden in ein intaktes und funktionierendes Familienleben, in einen Freundeskreis und Vorstand: da müsste schon sehr viel passieren, um mich aus der Bahn zu werfen. Im Übrigen habe ich mir ein Lebensmotto zugelegt: Wer glaubt, etwas zu sein, hat aufgehört, etwas zu werden.

Mainz 05 ist Erstliga-tauglich

Der Manager: Christian Heidel

Sich gemeinsam freuen ist doppelt so schön: Manager Christian Heidel (links) und Präsident Harald Strutz.

Er ist Mainzer mit Haut und Haaren. Und dies nicht nur, weil hier seine Wiege stand. Nein, Christian Heidel fühlt sich in der Gutenbergstadt einfach, pardon, sauwohl. »Ich lebe schon immer in Mainz 1 und bin nie umgezogen«, sagt der 38-Jährige deshalb nicht ohne Stolz. Was liegt oder lag also näher, dass er, der ehedem selbst als Libero (»Als der abgeschafft wurde, habe ich aufgehört ...«) beim FV Budenheim und bei Fontana Finthen die Fußballstiefel schnürte, beim 1. FSV Mainz 05 vor Anker ging. Zumal er dem Bruchwegklub schon als Knirps zugetan war. Seit 1988 Mitglied, seit April 1992 im Vorstand und dort schon ein Jahr später in Manager-Funktion, hat der Geschäftsführer des Mainzer Autohauses Karell in dieser Zeit unendlich viel (Frei-)Zeit, Power und Herzblut investiert. Mit dem Bundesliga-Aufstieg wäre nicht zuletzt dem zweifachen Familienvater der verdiente Lohn für seinen ehrenamtlichen Rund-um-die-Uhr-Job zuteil geworden. Gleichwohl darf man sicher sein, dass der Leiter der Lizenzspielerabteilung nach dem in Berlin vergebenen Matchball die Flinte nicht ins Korn wirft. Ganz im Gegenteil.

War die Manager-Tätigkeit bei Mainz 05 schon immer Ihr Traum – oder hat sich das mehr zufällig ergeben?

Heidel: Es hat sich so ergeben. Im Vorstand hatte ich zunächst den Auftrag, mich um die damals noch in der B-Klasse spielenden Amateure zu kümmern. Ich bin schnell in die Aufgabe reingewachsen, war immer da – und dann hat sich alles so entwickelt. Da ich mich schon immer für Fußball und den Verein interessiert habe, dessen Spiele ich seit 1971 besuche, bedeutete dies alles kein Neuland für mich.

Streben Sie irgendwann mal ein anderes Amt bei Mainz 05 an?

Heidel: Ich bin mit meiner Rolle sehr zufrieden und habe dahingehend null Ambitionen. Dies umso mehr, als die Kollegen im Vorstand meiner Tätigkeit sehr großes Vertrauen schenken. Die außerdem wissen, dass ich ein sehr selbständiger Typ bin – und mir diese Selbständigkeit einräumen.

Können Sie sich eine hauptamtliche Tätigkeit als Manager vorstellen?

Heidel: Im Prinzip mache ich meine ehrenamtliche Arbeit bereits hauptamtlich – allerdings ohne Bezahlung, ich habe beispielsweise bis zum heutigen Tag noch keinen Tankzettel oder sonstwas abgerechnet. Grundsätzlich will ich eine Hauptamtlichkeit nicht ausschließen, zumal ich noch zu den ganz Jungen der Zunft gehöre, obwohl ich die Tätigkeit schon seit zehn Jahren ausübe.

Was muss ein Manager vor allem können?

Heidel: Wichtig ist Sachverstand, er muss wissen, von was er redet. Er muss sich rund um die Uhr mit dem Thema beschäftigen – und das kreide ich vielen Hauptamtlichen an, dass sie das nicht tun. Er muss mit Menschen umgehen können, und er muss mit den Spielern korrekt umgehen. Alle Spieler, die Mainz 05 wieder verlassen haben, rufen mich heute noch an.

Rund um die Uhr im Einsatz: Christian Heidel, Leiter der Lizenzspielerabteilung.

Was war bisher Ihr größter Fehler als Manager?

Heidel: Ich bedauere noch heute die Verpflichtung von Trainer Reinhard Saftig (11. März bis 23. August 1997. Red.) und ärgere mich darüber, dass ich das Problem, nachdem ich es erkannt hatte, nicht rechtzeitig gelöst habe. Doch ich habe aus dem Fall gelernt.

Was war in Ihren Augen in diesem Jahr der Schlüssel zum Erfolg, dem lediglich das i-Tüpfelchen fehlte?

Heidel: Die Basis war seit zwei, drei Jahren gelegt. Die Mannschaft von 1996/97 war eine sehr alte, und so mussten wir umbauen. Wir wussten, das wird zwei, drei Jahre dauern. Andere Vereine sind in der gleichen Situation abgestiegen – bei uns lief die Entwicklung umgekehrt. Nach Wolfgang Frank (1996-97 und 1998-2000. Red.) ging alles schief, doch schon vor Jürgen Klopp hatten wir eine gute Mannschaft.

Mit Fingerspitzengefühl: Christian Heidel beim Tipp-Kick-Spiel.

Noch ein Wort zu Frank?

Heidel: Er war ein Glücksfall für Mainz 05. Er hat für Jürgen Klopp die Basis gelegt, Kloppo hat sie verfeinert.

Was zeichnet Jürgen Klopp aus?

Heidel: Er hat Intelligenz, Ausstrahlung, Rhetorik und Fußball-Sachverstand, der höher ist, man möge mir verzeihen, als es sein fußballerisches Können war. Da war die Zweite Liga die Grenze, als Trainer stehen ihm alle Türen offen. Es kommen auch mal andere Zeiten, aber er wird sich durchsetzen. Kloppo passt zu Mainz, er kennt den Verein und kann mit Menschen umgehen.

Was sind die Vorzüge der aktuellen Mannschaft?

Heidel: Erstens, und da achten wir sehr drauf, passt sie charakterlich zusammen, das Klima ist fast freundschaftlich. Zweitens wurde sie, zumindest zeitweise, kolossal unterschätzt, dabei ist jeder ein hervorragender Fußballer; drittens passt die Zusammensetzung, wie auch wichtig ist, dass man sich in der gleichen Sprache verständigen kann.

Kennt der 05-Manager Freizeit, und wie schaut die aus?

Heidel: Meine Freizeit besteht zu 90 Prozent aus Fußball. Pro Wochenende gucke ich mir in der Regel drei Spiele an. Ich kann mir nix Schlimmeres vorstellen, als wenn es keinen Fußball gibt. Die Sommerpause ist zum Beispiel etwas Schreckliches ... Was darüber hinaus an Freizeit bleibt, kommt meinen Kindern zugute.

Kann die Familie damit zufrieden sein?

Heidel: Sie leidet darunter. Ich würde dies auch für keinen anderen Verein tun, es ist wirklich reine Herzblutarbeit.

Funken auf einer Wellenlänge: Christian Heidel und Jürgen Klopp (von links).

Wie präsentiert sich Christian Heidel nach sportlichen Negativ-Erlebnissen daheim?

Heidel: Wenn es Probleme gibt, gehe ich nie nach einem Spiel direkt nach Hause. Ich muss dann erst drei, vier Stunden abschalten und alles abarbeiten, sonst wäre ich ungenießbar. Ich bin allerdings auch einer, der nie aufgibt. Etwa wenn wir verloren haben, überlege ich zwei Stunden später schon, was und wie man etwas ändern kann.

Im November 2000 sind Sie wegen Bedrohungen Ihrer Familie von Ihrem Amt als Manager zurückgetreten, Anfang Januar 2001 wieder eingestiegen – war der Ausstieg eine Überreaktion?

Heidel: Ich glaube nicht, dass ich damals überreagiert habe. Ich würde es morgen genauso wieder tun, wenn es gegen meine Familie oder gegen die Firma gerichtete extreme Vorgänge gibt. Wobei ich betonen muss, dass es nie Morddrohungen gab. Was mich persönlich im Übrigen nicht schrecken würde, damit muss man leben. Warum ich wieder eingestiegen bin? Ausschlaggebend dafür war zum einen, dass ich gemerkt habe, dass ich ohne den Verein nicht leben kann. Zum anderen wurde ich von vielen Menschen angesprochen und schlussendlich habe ich mich von den Spielern, die alle zu mir kamen, überreden lassen – dass ich froh darüber bin, muss ich nicht eigens betonen.

Vom Kämpfer zur Kultfigur

Der Trainer: Jürgen Klopp

»Trainer ist für mich der absolute Traumberuf.« – Jürgen Klopp hat für sich die richtige Wahl getroffen.

In Stuttgart geboren, im Schwarzwald (Glatten) aufgewachsen, seit 14 Jahren in Frankfurt wohnhaft und in Mainz seit 1990 als Fußballer beheimatet – das ist der »Kosmopolit« Jürgen Klopp. Als Spieler bei den 05-Fans hoch geschätzt, weil er ein Vorbild als ehrlicher, nie aufsteckender Kämpfer und »Beißer« war, ist der 34-Jährige auf Anhieb auch als Trainer (seit 27. Februar 2001) fast schon zu einer Kultfigur geworden. »Jürgen, Jürgen« schallt es dem Diplom-Sportlehrer und Sportwissenschaftler entgegen, wenn Stadionsprecher Klaus Hafner nur seinen Namen verliest. Dass der verheiratete Vater eines 13-jährigen Sohnes sich vorstellen kann, auch längerfristig am Bruchweg zu wirken, das und vieles mehr erzählte er im nachstehenden Interview.

War es für Sie schon früh klar, eines Tages Trainer zu werden?

Klopp: Klar nicht, aber das Ziel war es schon immer. In diesem Sinne habe ich auch mein Studium geplant und bereits während meiner aktiven Zeit einige Praktika absolviert.

Was ist das Reizvolle am Trainerberuf?

Klopp: Der Trainerjob hat mich immer mehr interessiert als der des Spielers. Als Spieler kannst du nur die eigene

Leistung und, bedingt, die der Mannschaft beeinflussen. Doch ich habe mich schon immer am großen Ganzen orientiert, und unter diesem Blickwinkel ist Trainer für mich der absolute Traumberuf – mit allen negativen Seiten, wenn es schlecht läuft. Als Spieler bist du nur mit dir selbst beschäftigt und versuchst, das Feuer hoch zu halten. Als Trainer bist du für alles zuständig – das ist für mich reizvoll.

Hatten Sie Vorbilder, als Spieler wie als Trainer?

Klopp: Es gab einige wenige, die mich interessierten, ihnen nachzueifern war nie mein Ziel. Als junger Bursche war dies Karlheinz Förster (Abwehr-Nationalspieler des VfB Stuttgart. Red.). In Anlehnung an ihn trug ich die Nummer vier, die ich dann auch bei Mainz 05 hatte, beim Straßenkick – obwohl ich vorn die Dinger gemacht habe. Bei den Trainern hat mich aus der Distanz die Art und Weise von Volker Finke beeindruckt, wie er Fußball spielen lässt, oder Ottmar Hitzfeld, wie er einen Erfolg an den anderen reiht. Oder auch, wie Ralf Rangnick spielen lässt. Und ganz klar: Wolfgang Frank hat mir vieles, vieles beigebracht So ist es um mein taktisches Verständnis deutlich besser bestellt als vor zehn Jahren.

Haben Sie sich das Traineramt leichter oder schwerer vorgestellt?

Klopp: Darüber habe ich bisher keine Sekunde nachgedacht, von der ersten Sekunde an habe ich dringesteckt. Ich denke, dass dieser Beruf nicht schwerer ist als andere. Der Unterschied: als Trainer steht man voll im Scheinwerferlicht.

Hatten Sie in diesem Jahr mit einer derart erfolgreichen Saison gerechnet?

Klopp: Wir wollten so spielen, wie wir zuvor zuletzt gespielt hatten. Mit hoher Willenskraft, mit Systemsicherheit und Siegeswillen wollten wir begeistern und erfolgreich sein. Um die Tabellensituation hatte ich mir keine Gedanken gemacht.

Zumeist ausgeglichen und charmant – aber Jürgen Klopp kann sich auch tierisch aufregen ...

Worauf führen Sie den Erfolg letztendlich zurück?

Klopp: Auf die Qualität der Mannschaft, ganz klar, zu der Zeljko und Kuhni (Co-Trainer Buvac und Torwart-Trainer Kuhnert. Red.) entscheidend beigetragen haben.

Wie ist Ihr Verhältnis zu vorgenannten Kollegen?

Klopp: Es ist die absolut perfekte Konstellation. Als Spieler haben wir uns schon gemocht und geschätzt, doch jetzt sind wir richtige Freunde. Wir sind nicht immer einer Meinung und diskutieren auch hart. Aber es geht nur um die Sache, und das Beste, was rauskommt, wird gemacht. Die fünf Jahre Erfahrung von Zeljko als Trainer tun uns dabei gut. Und sein Anteil am diesjährigen Erfolg ist mindestens so groß wie meiner.

Ist Erfolg im Fußball planbar?

Klopp: Wir haben es versucht, um die Wahrscheinlichkeit des Gewinnens zu erhöhen. Siege geben Sicherheit und wichtige Rückmeldungen; die wichtigsten Rückmeldungen sind jedoch, wie man spielt.

Wie ist das Verhältnis zu den Spielern, eher Kumpel oder eher Autorität?

Vom Schiedsrichter auf die Tribüne verbannt: Temperamentsbolzen Klopp.

Da muss sich der 05-Cheftrainer noch einmal etwas durch den Kopf gehen lassen.

Klopp: Es ist ein Mix. Ich bin auf jeden Fall nicht autoritär. Die einzige Autorität, die ich brauche, ist: ich treffe die Entscheidungen, in Absprache mit Zeljko und Kuhni.

Was muss ein guter Trainer aufweisen?

Klopp: Ich nehme an, Menschenführung ist ganz praktisch, er muss kommunikativ sein und kann Fußballsachverstand nicht genug haben. Er muss großen Spaß an der Arbeit und Zeit haben, um sich um was zu kümmern. Wenn du etwas gern machst, machst du es auch gut.

Haben Sie eine Vorstellung, wie lange Sie bei Mainz 05 bleiben wollen oder werden?

Klopp: Da habe ich noch keinen Tag drüber nachgedacht. Ich kann mir vorstellen, die nächsten 25 Jahre hier zu arbeiten ... Solange eben, wie es funktioniert. Wobei ich Mainz 05 nie auf der Tasche liegen will oder die Aufgabe des Trainer-Amts nicht unbedingt Trennung bedeuten muss. Mainz 05 ist mein Verein.

Haben Sie einen Traum als Trainer oder einen anderen Traum-Verein?

Klopp: Massenhaft. Mainz zu einer Fußballstadt zu machen, finde ich geil, oder das Stadion zu füllen. Wenn ich mir im Fernsehen englischen Fußball angucke, kriege ich eine Gänsehaut, das hätte ich schon als Spieler gern mitgemacht. ManU (Manchester United. Red.) wäre ein Traum, das mal mitzunehmen. Als Trainer möchte ich immer erfolgreich sein. Zur Champions League fehlen mir allerdings die Klamotten ...

Was möchte und muss der Trainer Klopp noch lernen?

Klopp: Alles, was ich im Moment mache, ist, dass ich mich durch den Tag wurschtele. Wenn ich Zeljko und Kuhni nicht hätte ... Ich kann mich noch in jedem Bereich verbessern. Für jede Situation die richtige Antwort zu haben, das gibt es allerdings noch nicht.

Wie unterscheidet sich die aktuelle Mannschaft von denen, in denen Sie gespielt haben?

Klopp: Ihr Potenzial ist viel größer. Es sind Fußballer, die interessiert sind, mehr Informationen darüber zu kriegen, wie sie die Wahrscheinlichkeit erhöhen können, um noch besser zu spielen. Das macht ihnen und mir Spaß. Dass

Jürgen Klopp demonstriert die Becker-Faust.

sie diese Dinge begierig aufnehmen und sich obendrein im Umfeld wohl fühlen, das zu fördern, betrachte ich als meine Aufgabe.

Wo und wie müsste die Mannschaft noch verstärkt werden?

Klopp: Die gegenwärtige Qualität ist richtig hoch. Die Verpflichtungen, die wir vornehmen, sollen intern den Druck noch erhöhen und die Spieler müssen aufgrund ihrer menschlichen Eigenschaften reinpassen. Spieler, die angeblich die Sterne vom Himmel holen, und »Hirnis« brauchen wir nicht.

Sind Sie mit den Arbeitsbedingungen am Bruchweg zufrieden?

Klopp: Sie sind, wie sie sind. Sie hindern uns auf jeden Fall nicht, erfolgreich zu spielen. Sie könnten zigfach besser sein, Trainingsplätze haben wir gar keine, die Jugend beispielsweise trainiert auf Parkplätzen ...

Ihre Meinung zu den tollen Mainzer Fans?

Klopp: Ich habe es in den letzten 12, 13 Jahren geliebt, vor diesen Leuten zu spielen, die ehrliche Arbeit honorieren. Die uns auch in den Wochen und Monaten, in denen wir Mist gespielt haben, nie abgelehnt haben. Dass sie den Song »Wir sind nur ein Karnevalsverein« zu ihrem Motto gemacht haben, finde ich gut – wir sind halt tatsächlich ein besonderer Verein.

Noch zwei Minuten oder das Victory-Zeichen?

Haben Sie vor dem jetzt in Berlin verlorenen Spiel bei Siegen und/oder Niederlagen schon mal geweint?

Klopp: Bei außergewöhnlichen Siegen schon, und bei unserem Nichtaufstieg 96/97 hatte ich auch relativ feuchte Augen ...

Apropos 1996/97: Haben Sie vor dem Match bei Union Berlin an den bewussten 11. Juni 1997 in Wolfsburg gedacht, als ihr mit 4:5 den Aufstieg hauchdünn verpasst habt?

Klopp: Mit keinem Gedanken.

Haben Sie einen Talisman?

Klopp: Ich bin ein gläubiger Christ, ich bin Protestant, da schließt sich das aus.

Wenn Sie einen Wunsch frei hätten, wie würde er lauten?

Klopp: Eindeutig: Gesundheit für meine Familie.

Der Keeper mit den tollen Reflexen

Dimo Wache: Nummer 1

Ein Dankeschön von Dimo Wache an die Adresse der tollen Fans.

Der Mann konnte gar nicht anders: Der Herr Papa spielte im Tor, Bruder Michael (33) ebenso, und der hatte mit 17 Lenzen sogar ein Angebot von Werder Bremen. Inzwischen trägt auch Dimo Waches Neffe Dominik (7) den Torwart-Dress – und parierte gleich im ersten Match einen Strafstoß. Dies alles im Heimatverein SC Ovelgönne, der unlängst mit 50 Mann hoch am Bruchweg weilte, um gegen Fürth die – bekanntlich missglückte – vorzeitige Aufstiegsfete mitzufeiern. Angesichts dieser »Vorbelastungen« und des zusätzlichen Umstands, dass ihn die Natur noch mit dem nötigen Gardemaß von 1,94 m ausstattete, führte der Weg des in Brake/bei Oldenburg geborenen 05-Kapitäns nachgerade zwangsläufig zwischen die Pfosten. Dass der 28-Jährige seinen Job dort famos verrichtet, ist bekannt. Und da der Keeper mit den tollen Reflexen sich bei Mainz 05 und in Hechtsheim wohl fühlt, wo er mit seiner Verlobten Simone lebt, wird Wache wohl noch ein paar Jährchen den Kasten des Bruchwegklubs hüten.

Der – zum Schluss leider nicht gekrönte – Höhenflug dieses Jahres: War er auch für Sie eine Sensation?

Wache: Wir spielten schon im Jahr davor eine ziemlich gute Rückrunde, so dass ich wusste, dass wir diesmal mit dem Abstieg nichts zu tun haben werden.

Können Sie das Erfolgsgeheimnis beschreiben?

Wache: Das ganz große »Geheimnis« ist, dass dafür nicht nur die Mannschaft zuständig ist, sondern das gesamte Umfeld, seien es die Trainer, Zeugwart Walter Notter als gute Seele und »Mutter der Kompanie«, die Geschäftsstelle oder der Platzwart. Die Mannschaft ist ein eingespieltes Team, in dem jeder offen seine Meinung sagt, ohne dass sich jemand auf den Schlips getreten fühlt, dazu kommt unser absoluter Wille zum Erfolg.

In welchem Ausmaß waren die 05-Fans am Erfolg beteiligt?

Wache: Was sie in dieser Saison veranstaltet haben, war allererste Sahne und unfassbar, was sie vor allem auswärts auf die Beine gestellt haben.

Was unterscheidet die aktuelle von den vorherigen Mannschaften?

Wache: Das Zusammengehörigkeitsgefühl und das Vertrauen untereinander sind unheimlich groß und ausgeprägt. Es gibt keinen, der außen vor ist, keinen Stinkstiefel oder Unruheherd, wie es in den Jahren zuvor der Fall war.

Möchten Sie einen Namen nennen?

Wache: Jeder weiß wohl, wer gemeint ist.

Wie unterscheidet sich Jürgen Klopp von seinen Trainer-Vorgängern?

Wache (grinsend): Vom Gewicht her nicht viel, wenn ich beispielsweise an Dirk Karkuth denke ... (Anmerkung der Redaktion: der Ex-05-Trainer hat nicht unbedingt die Figur eines Hungerhakens ...). Rein sportlich: Er spricht viel mit den Spielern, spricht die Fehler an, lobt aber auch. Er ist nah dran an der Mannschaft, in der er vor etwas mehr als einem Jahr ja noch selbst gespielt hat, und das alles hilft uns ungemein. Er besitzt eine natürliche Autorität, die er auch durch den, im guten Sinne des Wortes, kumpelhaften Umgang mit uns nicht verliert.

Gekonnte Faustabwehr des 05-Torwarts (rechts) im Duell gegen Bochum.

Welchen Anteil hat ein Torwart, welchen Anteil Dimo Wache am Erfolg?

Wache: Ich bin kein Mensch, der sich in den Vordergrund stellt. Wir sind eine Mannschaft, die zusammen gewinnt und zusammen verliert. Meine Leistung beurteilen kann und mag ich nicht, dafür ist Kuhni (Torwart-Trainer Stephan Kuhnert. Red.) der Ansprechpartner, dem ein großer Anteil an meiner Leistung gebührt.

Wo sehen Sie Ihre Stärken und Schwächen?

Wache: Ich bin jetzt sieben Jahre bei Mainz 05 und höre immer wieder, dass ich im Strafraum schwach sei. Fakten widerlegen das. Ich habe in dieser Saison lediglich eine Flanke unterlaufen, die zu einem Tor führte, das war beim späteren 5:1 das 0:1 gegen Ahlen – das wird mir immer wieder vorgehalten. Doch man wird älter, und das geht mir inzwischen am A... vorbei. Jedes Training ist darauf ausgerichtet, sich zu verbessern, und ich versuche jeden Tag, etwas dazuzulernen. Das ganze Leben ist ein Lernprozess.

Nicht einer Meinung mit dem Unparteiischen: Der Kapitän der Mainzer Mannschaft.

Sie haben unlängst Ihren Vertrag um drei Jahre verlängert, können Sie sich trotzdem einen Vereinswechsel vorstellen?

Wache: Ich fühle mich in Mainz wohl und möchte den Vertrag erfüllen. Doch es gibt jedes Jahr Gespräche, und man weiß ja, wie schnell alles gehen kann. Ich glaube, dass meine ruhige und beste Zeit noch kommt, doch im Moment zählt nur Mainz 05.

Ihr Kollege Butt von Bayer Leverkusen ist, von ganz wenigen Ausnahmen abgesehen, ein sicherer Elfmeterschütze – wäre das auch was für Sie?

Wache: Ich habe mal beim Elfmeterschießen im Pokalspiel in Münster, das wir gewonnen haben, einen verwandelt – dabei wollen wir es belassen. Wenn ein Torwart Elfmeter schießen muss, kann was nicht stimmen.

Hatten oder haben Sie einen Torwart als Vorbild?

Wache: Als Kind habe ich Rudi Kargus vom Hamburger SV bewundert, habe jedoch meinen eigenen Stil entwickelt und mich nicht anderweitig orientiert. Wenn ich am Samstagabend Fußball im Fernsehen gucke, versuche ich jedoch, den Lerneffekt zu erhöhen.

Was halten Sie von Oliver Kahn?

Wache: Er ist mit Sicherheit der beste Torwart der Welt, es ist schon imponierend, wie er sich immer wieder motivieren kann.

Gibt es den perfekten Torwart?

Wache: Ich glaube nicht. Allenfalls nahezu perfekt, und dazu zählt Kahn. Den Torwart, den jeder im Stadion liebt, den gibt es nicht.

Sind Sie vor einem Spiel nervös?

Wache: Nervös ist das falsche Wort – auch das bringt das Alter mit sich ... Ich bin unheimlich angespannt und die Nerven sind gereizt, doch das bezeichne ich nicht als nervös.

Wie konzentrieren Sie sich auf ein Spiel?

Wache: Ganz wichtig ist das »Privileg«, dass ich aufgrund meiner Diabetes ein Einzelzimmer habe, wo ich machen kann, was ich will. Vor dem Schlafengehen spiele ich im Kopf manche möglichen Situationen durch – bis es dann zur »Spitze« am nächsten Tag kommt.

Wie gehen Sie mit der Diabetes-Erkrankung um?

Wache: Entdeckt wurde er 1998 während des Prüfungsstress' zum Metzgermeister. Zunächst habe ich ihn nicht ernst genommen und versucht, ihr mit Tee beizukommen. Doch dann kam die »Erleuchtung«, und seitdem lebe ich ganz gut damit und lasse mir auch meine fünf, sechs Weizenbier aus gegebenem Anlass nicht nehmen. Da mache ich keine Kompromisse, schließlich arbeite und trainiere ich jede Menge.

Umarmung nach glücklich geschlagener Schlacht: Trainer und Torwart von Mainz 05.

Wie ist das Verhältnis zu Ihren Torwart-Kollegen Sven Hoffmeister und Christian Wetklo?

Wache: Sehr gut, wobei klar ist, wie die Rollen verteilt sind. Christian, ein hoch talentierter Nachwuchsmann, muss man freilich ab und zu mal in den Allerwertesten treten, damit er begreift, was er erreichen kann.

Sind Sie mit dem Beruf des Fußballprofis zufrieden und würden Sie ihn ein zweites Mal ergreifen?

Wache: Ich glaube, es gibt keinen schöneren.

Wie lange gedenken Sie Ihren Beruf noch auszuüben?

Wache: Als Torwart geht dies bekanntlich ein bisschen länger und ich hoffe, dass mich die Füße noch weit tragen. Bis 35 möchte ich schon noch, aber man weiß ja nie.

Ein Häufchen Elend: Auch diese – seltenen Phasen – musste Dimo Wache durchleben.

Bartenbach & Co.
La Ola für ein tolles Team!
KUEMMERLING
DER SANFTE BITTER
KRÄUTERLIKÖR
20 ml 35% vol
KUEMMERLING GMBH BODENHEIM
1. FSV MAINZ 05
Und KUEMMERLING ist mit dabei!

Stadion

»Mainz 05 gehört zum Bruchweg – hier sind wir zu Hause.«

Vom Luftschloss zum Ausbau

Umbruch am Bruchweg

Ein Blick in die Vergangenheit: Das altehrwürdige Bruchwegstadion, bevor die Bagger anrollten und der Umbau der Arena begann.

Es schien sich zur berühmten unendlichen Geschichte auszuwachsen, ehe die Kuh dann doch vom Eis war, so dass nach einer quälenden Langzeitphase des Wartens vier Tage nach dem letzten Heimspiel der Saison 2001/2002 gegen Greuther Fürth (1:1) am 2. Mai 2002 Abrissbirnen ihr Werk beginnen konnten. Sprich: nach nahezu einem halben Dutzend Jahren Gezackere und Geackere hatte es für den Umbau und die Erweiterung des Bruchwegstadions, dem der Deutsche Fußball-Bund (DFB) unmissverständlich Erstliga-Tauglichkeit abgesprochen hatte, endlich grünes Licht gegeben. Ausgelöst in letzter Konsequenz ausschließlich durch den auch breitflächig nicht nur in der Bevölkerung der Landes-Metropole mit Sympathie registrierten Höhenflug des Mainzer Fußball-Aushängeschildes 1. FSV 05. Da mussten sich die politischen Verantwortungsträger bewegen und Flagge zeigen – um ihrerseits Sympathiepunkte sammeln zu können ... Das ergebnislose Gezerre zuvor, das sich vor allem zwischen den Alternativen Ausbau (SPD und Grüne) oder Verlagerung und Neubau (CDU und FDP) der städtischen Arena abspielte, drohte nicht allein zur Lachnummer zu verkommen, sondern vor allem den eh nicht unbedingt strahlenden Status des Sports in Mainz zu blockieren und zu beeinträchtigen.

Wenige Tage nach dem letzten Saison-Heimspiel am 28. April 2002 gegen Fürth begannen die Abrissarbeiten.

»Wir sind zu brav«

Noch auf der Mitgliederversammlung am 16. Oktober 2001 im Kurfürstlichen Schloss hatten die Führungspersönlichkeiten des Zweitligisten herbe Kritik an den politischen Instanzen geübt. Präsident Harald hatte es gar »einen Skandal« genannt, dass nach über fünf Jahren endlosen Debattierens noch kein Entscheid getroffen worden sei. Das Stadion sei – im Gegensatz etwa zu Theater, Ludwigsstraße oder Winterhafen – »das letzte Projekt, das immer wieder hinausgeschoben wird«. Diesen Zustand könne und wolle man nicht länger ertragen, müsse man sich angesichts der völlig unzureichenden Trainingsbedingungen nicht zuletzt vor den Eltern der 17 Jugendmannschaften schämen. Manager Christian Heidel: »Wir sind zu brav, wir müssen mehr Druck machen.« Attacke von FDP-Stadtratsmitglied Strutz an die Adresse der Stadtspitze: »Meine Herren, Sie haben versagt.«
In der bis dahin unverändert offenen Frage auch des Standorts hatten in einer Umfrage der Mainzer »Allgemeinen Zeitung« (AZ) im November vorigen Jahres im Übrigen die 05-Anhänger überwiegend für einen Verbleib am Martin-Luther-King-Weg plädiert. »Mainz 05 gehört zum Bruchweg«, ließ etwa Alexander Scherer (15) keine Zweifel. »Hier sind wir zu Hause«, erklärte gleichfalls der 05-Fanbeauftragte Andreas Werkmeister und verwies darauf, dass bereits vor drei Jahren 3000 Unterschriften für den Bruchweg-Ausbau gesammelt und OB Jens Beutel (SPD) übergeben worden seien. Bau- und Sportdezernent Norbert Schüler (CDU) wiederum vertrat die Meinung, dass ein Ausbau des Stadions keine Vorentscheidung für den endgültigen Standort bedeuten würde.
Da ein neues Stadion, für dessen Standort die Mainzer CDU/FDP-Stadtratsfraktion den Europakreisel in der Saarstraße favorisierte, geschätzte rund 100 Millionen Mark kosten würde (bei ungeklärter Finanzierungsfrage), war Anfang Dezember 2001 dann zumindest zunächst der ungleich »preiswertere« Ausbau am Bruchweg absehbar. Dies empfahl gleichsam auch die – mit erheblicher Verzögerung gelieferte – Machbarkeitsstudie der Projektentwickler Deyle und Rüssmann, die die Pläne für den Europakreisel (SPD: »Luftschlösser«) gleichwohl als Option betrachteten. Dort gebe es außer der offenen Grundstücksfrage keine Schwierigkeiten oder Konflikte. Am Bruchweg wurde dagegen in den Neubau-Studien ebenso ein Lärmschutzproblem gesehen wie in Gonsenheim, wo das MIT-Gelände in dem Gutachten als dritter möglicher Standort ausgewiesen war. Für einen Komplett-Ausbau am Bruchweg wurden rund 45 Millionen Mark veranschlagt, für die Saarstraße 66 Millionen. Für zwei neue Fußballfelder wurden 900000 Mark, für

Das neue Stadion mit einer Gesamtkapazität und mehr Komfort für gut 19000 Zuschauer, das aus Gründen des Lärmschutzes nach allen vier Seiten geschlossen wird. Weitere Ausbaustufen der Bruchweg-Arena sind möglich.

Schallschutzmaßnahmen rund fünf Millionen sowie für eine mögliche Ertüchtigung der Flächen um das Stadion zusätzlich zwei Millionen Mark »hochgerechnet«. Chancen erblickte das Duo Deyle und Rüssmann für zwei neue Trainingsflächen und auch eine Sporthalle neben der Eissporthalle.

Weit gehende Veränderungen

Nachdem nach einer zweistündigen Stadionbegehung mit Hans Florin von der DFB-Sicherheitskommission erneut sonnenklar geworden war, dass bei einem Bundesligaaufstieg der 05er »weit gehende Veränderungen« (Heidel) unabdingbar würden, kam jetzt einem Spitzengespräch mit Repräsentanten der Stadt und des Vereins am Nikolaustag 2001 bei Ministerpräsident Kurt Beck (SPD) wegen der Beteiligung des Landes Rheinland-Pfalz an den Investitionskosten (Bruch-)wegweisender Charakter zu. Nach zweieinhalbstündigen Verhandlungen in der Staatskanzlei, für die ursprünglich nur 45 Minuten vorgesehen waren, Zufriedenheit und Frohlocken bei der 05-Delegation mit Harald Strutz, Christian Heidel und Schatzmeister Friedhelm Andres; denn: der Bruchweg wird, um die DFB-Auflagen zu erfüllen, in 2002 für – nach jüngsten Berechnungen – rund zehn Millionen Euro umgebaut. Das Land übernimmt 6,7 und stockt dafür den Landeshauptstadtansatz über zehn Jahre jährlich um rund 765000 Euro auf. Mainz 05 bringt die übrigen 3,3 Millionen auf, die Stadt Mainz übereignet im Gegenzug dem Zweitligisten das Stadiongelände und verzichtet damit auf jährlich etwa 102260 Euro Pachtgebühren. Das 43000 Quadratmeter große Areal des Stadions und der Nebenplätze wurde Bauherr Mainz 05 in Erbbaurecht über 25 Jahre übertragen, ebenso der Unterhalt und die Vermarktungsrechte. Beck und OB Jens Beutel waren sich ungeachtet der Übereinkunft einig, dass, wie in der Machbarkeitsstudie angeraten, das neue Stadion am Europakreisel eine Option bleibt.

Beck charakterisierte den Verein obendrein als einen Leistungs- und Werbeträger von Rheinland-Pfalz und bewertete das finanzielle Engagement des Landes als »verantwortbar«. Nachdem Mainz 05 an diesem »Tag der Freude« (Beutel) mit Erfolg »am Ende eines langen Weges« (Strutz) angelangt war, stattete der Vereinschef dem Ministerpräsidenten ausdrücklich Dank und Respekt ab. »Beck ist wirklich ein Macher«, würdigte der Rechtsanwalt die Rolle des Landesvaters und lobte auch das Mainzer Stadtoberhaupt und den Bau- und Sportdezernenten: »Sie haben die Wünsche des Vereins unterstützt.« Kurzfristig geriet vier Monate später der Ausbau dann plötzlich aber wieder ins Wanken, weil im Finanzausschuss der Stadt CDU, FDP und Grüne am 29. April 2002 zunächst Bedenken gegen eine städtische Bürgschaft für ein Darlehen äußerten, das Mainz 05 zur Finanzierung des Stadionausbaus in Höhe von 3,3 Millionen Euro aufnehmen wollte. Schließlich stimmten CDU, SPD und FDP dann doch zu; die Vorlage muss zwar am 29. Mai noch vom Stadtrat abgesegnet werden, was jedoch mehr oder minder als Formsache gilt. Wie der Verein letztlich seinen Millionen-Beitrag stemmen will und wird, über diese Aufgabe muss sich nicht zuletzt der Schatzmeister Gedanken machen. Doch da hatte sich Friedhelm Andres schon am Nikolaustag 2001 nicht bange machen lassen: »Wir haben mit dem neuen Stadion ganz andere Vermarktungsmöglichkeiten.«

Neue Haupttribüne

Nachdem Anfang des Jahres 2002 der Mainzer Stadtrat sowie der Bau- und Sportausschuss einstimmig und der Stadtsportverband mit Vorbehalt – Vorsitzender Manfred Leinberger: »Es müssen weitere Maßnahmen folgen« (zu Gunsten der Amateurvereine. Red.) – das zwischen Stadt, Land und Mainz 05 vereinbarte Konzept abgesegnet hatten, waren angesichts der knapp bemessenen Bauzeit zwischen dem letzten Heimspiel der Saison 2001/2002 (28. April) und dem ersten der Runde 2002/2003 (August) die »Macher« gefordert. Doch es kam alles auf den Weg – und dann rollten, wie eingangs erwähnt, am 2. Mai 2002 die ersten Bagger an.
Was geschieht nun im Detail an der traditionsreichen Sport- und Spielstätte, die künftig anstatt bisher 15500 über eine Gesamtkapazität und außerdem mehr Komfort für gut 19000 Zuschauer verfügen wird? Fangen wir mit der Haupttribüne an. Sie wird in Betonbauweise mit 4500 Sitzplätzen neu errichtet. Diese sollen laut Christian Heidel, dem dynamischen »Pusher« und Intimkenner des Gesamt-Projekts, zum Heimspiel-Auftakt Mitte August für die ersten Zuschauer in der neuen Arena fertig gestellt sein. Gleiches gilt sicher für die neue Lautsprecheranlage – wiewohl sie aufgrund der kraftvollen Stimme von Stadionsprecher Klaus Hafner nicht unbedingt vonnöten wäre ... Wann der Ausbau im Inneren der Tribüne mit Umkleidekabinen, Duschen, Räumen für Presse, Sicherheitsdienst und die – vorübergehend im gegenüberliegenden Einkaufszentrum King Park untergebrachte – 05-Geschäftsstelle beendet sein wird, ist dagegen noch offen. 05-Geschäftsführer Michael Kammerer zum Interims-Domizil seines Arbeitsplatzes: »Wir wollen nicht, dass ein Besucher in ein Baufahrzeug läuft.« Aufgrund fehlender Mittel wurde – zumindest zunächst – davon abgesehen, das Dach im vorderen Teil der Haupttribüne mit Glas auszugestalten, um dem Rasen eine größere Lichtfülle zu gewähren. Anstelle der bisherigen Stehplatz-Gegengeraden entsteht eine Stahlrohrtribüne mit rund 4500 Sitzplätzen nach dem Muster der im Sommer 1997 für annähernd sieben Millionen Mark installierten Süd- (Kümmerling) und Nord-Tribüne (Amadeus). Für den dafür erforderlichen Platz wird die Spielfläche um einige Meter in Richtung Haupttribüne verschoben. Heidel zu den Plänen des renommierten Architekten Folker Fiebiger aus Kaiserslautern: »Nirgendwo sind die Tribünen so dicht am Rasen wie in Mainz, nirgendwo sind die Fans so nahe bei den Spielern.« In den Plänen des Pfälzer Stadionbauers sind im Übrigen ausdrücklich weitere mögliche Ausbaustufen der Bruchweg-Arena enthalten, die, aus Gründen des Lärmschutzes, nach allen vier Seiten geschlossen wird. Unverändert werden auf der bereits legendären Kümmerling-Tribüne die etwa 6500 originellen und kreativen Mainzer Super-Fans für eine tolle Atmosphäre sorgen. Anstelle der bisherigen Stehplatz-Gegengeraden entsteht eine Stahlrohrtribüne mit rund 4500 Sitzplätzen (eventuell aber auch zusätzlichen Stehplätzen). Diese beherbergt künftig komplett die Anhänger der Gästemannschaften.

Haben die Stadion-Wünsche des Vereins entscheidend gefördert: Der rheinland-pfälzische Ministerpräsident Kurt Beck (li.) und der neue City-Manager Klaus Hammer (re.).

Neue Saison

Neues Stadion

Neue Chance

1. FSV MAINZ 05

Rheinland-Pfalz setzt auf Mainz 05

Für rund zehn Millionen Euro wird das Bruchwegstadion umgebaut. Von diesen zehn Millionen übernimmt das Land Rheinland-Pfalz 6,7 Millionen und stockt dafür den Landeshauptstadtansatz über zehn Jahre jährlich um rund 765000 Euro auf. Mainz 05 bringt die übrigen 3,3 Millionen auf, die Stadt Mainz übereignet im Gegenzug dem Zweitligisten das Stadiongelände und verzichtet damit auf jährlich etwa 102260 Euro Pachtgebühren.

RheinlandPfalz

»Ein Fanleben dauert 365 Tage im Jahr.«

Fans

Das Herzstück von Mainz 05

Von echten Fans und wahren Meistern

von Matthias Dietz-Lenssen

Gut aufgelegte Mainzer on Tour: Zu Munterkeit und Fröhlichkeit bestand in der Spielzeit 2001/2002 ausreichend Gelegenheit.

Ihre Urgroßväter feuerten die Mannschaft, die damals noch als Hassia 05 Mainz antrat, in der »B-Klasse Mittelrhein« an und durften sich 1921 über den 1. Platz in der Liga »Kreis Hessen« freuen.

Die Großväter beweinten 1934 den Abstieg aus der Gauliga Südwest, der (damals) höchsten Spielklasse; mussten mit ansehen, wie das Team von den Nazis gesperrt wurde und mit dem Reichsbahn-SV fusionieren musste (FSV Reichsbahn 05 Mainz) und 1946 (wieder unter dem alten Namen) in der Oberliga Südwest-Nord den Neuanfang wagen konnte.

Die Väter erlebten 1972 den 1. Platz in der Regionalliga Südwest, im nächsten Jahr die Qualifikation für die zweigleisige 2. Bundesliga und 1976 die freiwillige Rückgabe der Lizenz und die damit verbundene Rückstufung in die Amateurliga Südwest.

Die jüngste Generation hat den Weg zurück in die zweite Bundesliga mitverfolgt, 1997 die Niederlage gegen Wolfsburg beweint und darf sich jetzt endlich auf die höchste deutsche Spielklasse freuen.

Gemeint sind die Fans, jener verrückte und unübersehbare Haufen; der »12. Mann«; diejenigen, die Spieler zu Göttern und Trainer zu Heroen stilisieren können, die unter einer Niederlage mehr leiden als die meisten Profis

und die für ein wichtiges Auswärtsspiel fast jeden Streit mit der Familie in Kauf nehmen.
Sie schlafen in rotweißer Bettwäsche, setzen den Helden im Internet immer neue Denkmäler und schwenken im abendlichen Stadion zur Musik der Bummtschacks ihre Feuerzeuge bis zum letzten Quäntchen Gas.
Sie werden aber auch immer wieder mit den alten Klischees konfrontiert: Gewalt und Randale, Raketen und Suff, Hooligans und Extremisten.

Organisierte und Unorganisierte

Aber wer sind die »wirklichen« Fans? Die Senioren, die heute mit ihren Enkeln auf der Haupttribüne sitzen, da, wo schon ihre Väter gezittert haben? Die Schüler im Q-Block, die ihr letztes Taschengeld für eine Eintrittskarte oder ein Ticket im Fanbus ausgeben? Die Ultras, die den Fußball »leben« und mit ihren kreativen Ideen oft das Stadionbild mitprägen?
Das Spektrum der Anhänger ist vielschichtig. Bei den organisierten und offiziellen Clubs reicht es von den Bombeleechern bis zu den Wilden Jungz, von den Pümpels zu den Kloppos und von den Meenzer Metzgern bis zum BAS, dem Fanclub der Apotheker, Beamten und Sonstigen.
Die Unorganisierten haben ihre Treffpunkte: Nach dem Spiel vor dem Vereinsheim, zum Montagsspiel im Domsgickel und im Hafeneck oder an spielfreien Abenden beim Fanprojekt im Haus der Jugend.
Diskutiert wird morgens im Bus, tagsüber bei der Arbeit und beim Abendessen im Familienkreis. Je näher der Aufstieg – desto ausschließlicher »Thema 05«. Nichtfans verzweifeln. Man kann vor der Allgegenwart des Fanlebens nicht flüchten wie vor Karneval: 5 Tage Bayerischer Wald und der närrische Spuk ist vorbei. Ein Fanleben dauert 365 Tage im Jahr, bedeutet Kicker-lesen im Urlaub und 05-Fahne hissen auf dem Campingplatz, Se Bummtschacks im Walkman und auch mal die Haare so gestylt wie die Spieler.
Da gab es auch einmal eine unorganisierte »Seniorengruppe«, die sich jahrelang hinter der Haupttribüne zum Bier traf und auf Klopp geschimpft hat: »Der Klopp« war

Ein imponierendes Bild: 20 000 Menschen hatten sich am 5. Mai 2002 in der Ludwigsstraße zur Live-Übertragung des »Endspiels« auf einer Großbildleinwand eingefunden, das die 05er bei Union Berlin mit 1:3 verloren und damit den Bundesliga-Aufstieg verpassten.

Auf ihre Anhänger konnte sich die Mannschaft von Mainz 05 immer verlassen.

an jeder Niederlage schuld, und wenn gewonnen wurde, dann war der Sieg doppelt schwer erkämpft, weil »der Klopp« dabei war. Kloppo hat's nie gestört, dass er für solche Fans die Reizfigur war. Inzwischen verkündigen einige der Kritiker von einst, dass sie es »schon immer gewusst haben ...«, und der Rest der Unverbesserlichen hat sich ein neues Opfer gesucht.

Als der Club von den gegnerischen Fans als Karnevalsverein beschimpft wurde (wieso ist das eigentlich ein Schimpfwort?), haben sich das einige zum Motto genommen: Der Karnevalsverein vom Rhein – wenn die Kölner Jecken absteigen, müssen die Mainzer Narren hoch. Man kann die fußballerischen Narreteien nicht nur Leuten wie Effenberg, Calmund und Ede Geyer überlassen.

Dem Verein sind die Fans natürlich lieb – und wert! 150 000 Euro, so Christian Heidel, hat man im Jahr 2000 in Fanarbeit investiert. Und seit dieser Saison werden die guten Beziehungen zu den treuen Anhängern auch symbolisch manifestiert. Das Trikot mit der Nr. 12 wird nicht mehr an einen Spieler vergeben – es »repräsentiert« den »12. Mann« auf dem Platz – eben das engagierte Publikum.

Die Clubs

Einige hat die Stammkneipe zusammengeführt (Funzeleck), andere der gemeinsame Heimatort oder die Hingabe an einen Halbgott (Die Kloppos, Fan Klopp). Sie kom-

men sogar aus Hessen – sich der hoffnungslosen Lage ihres Wohnortes bewusst (Anner Rhoiseit).
Ihre Ziele sind klar: Den Verein unterstützen, die Mannschaft zum Sieg brüllen und Happenings organisieren – vom gemeinsamen Vor-dem-Spiel-Bier bis zur Busfahrt nach München. Nichts erschreckt sie mehr als der Gedanke an alkoholfreies Bier oder ein Gästefanblock, der durch Lautstärke oder Kreativität Rotweiß überflügeln könnte.
Ernsthafte Konfliktpotentiale sind vorprogrammiert: Wenn z. B. ein Frankfurter »Fanbeauftragter« die Stimmung anheizt, statt für Ausgleich zu sorgen, wenn »seine« Fans mit Feuerwerksraketen auf Zuschauer zielen oder den Rasen in Brand schießen, ist Besonnenheit angesagt – auch wenn es einigen dann sichtlich schwer fällt.
Die Geschichte der Clubs ist unterschiedlich, vieles liegt im Dunkeln. Einige wissen gar nicht so genau, wie bei ihnen alles angefangen hat.
Bei einem der jüngsten ist noch alles klar. »Scheiß Tribüne« hat sich erst vor dem letzten Heimspiel der Saison 2001/2002 gegen Fürth gegründet – wohl um dem Q-Block zu demonstrieren, dass auch in diesen Bereichen des Stadions »echte« Fans sitzen.
Um einiges älter ist die Rheinhessenfront, die in diesen Tagen (Mai 2002) ihren 20. Geburtstag feiert. Sie ist eine Fusion aus dem Schalke 04-Fanclub Blue Champions und dem Bayern München-Fanclub Severin und hat, zumindest was die Mitgliederzahl angeht, schon fettere Zeiten erlebt.

Von den Besten zu den Kloppos

Mit am besten ist man, Internet sei Dank, über Die Besten informiert.
Die Besten stammen aus dem Umfeld des ominösen Oppenheimer Abi-Jahrgangs 94 und formierten sich als Freizeitmannschaft unter ihrem selbstbewussten Namen – wie sollte es anders sein – am Rosenmontag. (Vorher ging man schon als FC Banana Samba und FC Knödel Hödel in die Fußball-Annalen ein.) Zum 05er Fan-Club wurde man dann – in Ober-Olm. (Fan-Geschichte kann international sein!) Hier war ein anderer Club – Mainz 05

Mit Nikolausmütze und Schal gegen die Kälte der Wintermonate gewappnet.

An Kreativität und Einfällen ließ es die immer größer werdende 05-Fangemeinde weder daheim noch in der Fremde fehlen.

United – bei einem Freizeitturnier in Personalsorgen. Man füllte das Team auf, gewann das Turnier – und wurde offizieller Unterstützerclub.
Gegen so viel viel Einsatz wirken Die Kloppos fast schon wie eine esoterische Geheimorganisation. Sie haben seit vielen Jahren ihren festen Platz hinter der Tribüne, sind an ihren kleinen Buttons zu erkennen und an der Fußballweisheit, die durch ihre Bärte schimmert. Die Jungs nehmen ein Bier vor dem Spiel und mehrere hinterher – zur Analyse. Vereint hat sie seit vielen Jahren ein Gedanke: dass Klopp ein grandioser Spieler ist. Ob sie den Verein in der Trainerfrage damals beeinflusst haben, kann nicht mehr recherchiert werden.

Die Ultra-Szene

Im letzten Jahr haben sich die Ultras in Mainz etabliert – analog zu der gleichnamigen Bewegung in Italien. Der Begriff »Ultra« schreckte auf. Erinnerungen an unschöne Szenen in den römischen Stadien wurden wach. Die Mainzer Filiale beruhigte: Für die Fans, die sich hier zusammengefunden haben, ist nur die kreative und optimale Unterstützung des Vereins »ultra«. Man hat zwar die internationalen Accessoires übernommen – vom Namen bis zum richtigen Knoten im Schal –, Gewalt und politische Auseinandersetzungen werden aber strikt abgelehnt: »Italienische Verhältnisse« wird es am Bruchweg nicht geben. Man will die Fans zu großen gemeinsamen Aktionen zusammenführen. Kreativität wird dabei groß geschrieben, neue Lieder und Sprüche gedichtet und – dem Megaphon sei Dank –, kein Versuch wird unterlassen, die vielstimmige Kakophonie der Fans in einen gut klingenden und lauten Unterstützungsgesang umzuformen, der im Idealfall 90 Minuten und länger anhalten soll.
Im optischen Bereich setzt man auf großflächige und augenfällige Aktionen. Bei Heimspielen erlebt man rotweiße Farborgien auf der Fantribüne (wo sonst sollten die Ultras mobil machen?). Und während die Anhänger anderer Auswärtsmannschaften oft durch Pöbeleien, Gewalt und Raketen auf sich aufmerksam machen, glänzte die Auswärtsfraktion der Ultras durch außergewöhnliche Ideen:
In Saarbrücken fingen die Fernsehkameras eine über 300 m^2 große Folie ein, die die Mainzer über ihren Köpfen hielten: Idol Klopp (noch im Trikot des Teams) schoss das Wappen der Gästemannschaft in einen Mülleimer mit

Gut behütet präsentierte sich die jüngere Generation ...

... ebenso wie jene der reiferen Semester.

der Aufschrift »3. Liga«. Die Mannschaft folgte dem Rat, entführte drei Punkte und vergrößerte die Abstiegsnot der Gastgeber.
In Mannheim wurde man dreidimensional: Ein Super-Mainzelmann (der irgendwie an die Stahl-Figur vor dem Frankfurter Messeturm erinnerte) drosch mit einem großen Hammer auf das Gästewappen ein – und die Mainzer Spieler hämmerten den Ball viermal ins Heimtor.
Die Kameras zoomen gerne auf solche Aktionen – sie sind angenehme Alternativen zu pöbelnden und provozierenden »Fan«-Gruppen einiger anderer Vereine.
Auch von den Einheitsfanartikeln versucht man Abstand zu nehmen: Selbstgebasteltes wird bevorzugt.
Die Ultras wenden sich gegen eine weitere Kommerzialisierung des Fußballs à la Kirch: »Volkssport statt Werbeevent« – und erhoffen vom Verein, quasi als Gegenzug für ihre Rundum-Unterstützung in jedem Spiel, eine fanbezogene Vereinspolitik, bei der auch deren Wünsche Gehör finden.

Das Fanprojekt

Seit einigen Jahren gibt es das »Fanprojekt« – anzutreffen im Haus der Jugend oder dem rotweißen Blockhaus hinter der Haupttribüne. Hier wird technische Unterstützung geboten, Fanturniere, Aktionen und Fahrten organisiert. Hauptziele der Organisatoren sind die Eindämmung von Gewalt, Abbau von extremistischen Orientierungen und die Rückbindung jugendlicher Fans an den Verein. Die soll durch aufsuchende und akzeptierende Jugendarbeit (Begleitung zu Heim- und Auswärtsspielen, Organisation von U16-Fahrten, Besuche an Treffpunkten, Beziehungsarbeit, Bereitstellung von Räumlichkeiten als Fantreff), Beratungstätigkeiten (bei familiären Problemen, bei finanziellen Schwierigkeiten, bei Suchtproblemen usw.), Organisation von Jugendbegegnungen (z. B. Fan-Turnieren, Festen u. ä.), Freizeitangebote, Unterstützung der Fans bei Selbstorganisationen (z. B. Fan-Clubs) und Öffentlichkeitsarbeit erreicht werden.

Das Mainzer FAN-Projekt versteht sich »als Anwalt der Fußballfans, indem es zwischen den Anhängern und dem Verein Mainz 05, sowie Polizei, Ordnungsdienst und anderen Behörden zu vermitteln versucht«.

Die Schlachtgesänge

Wenn in anderen Stadien Campino von den Toten Hosen sein Lied anstimmt:

Mit Musik geht alles besser – Unterstützung auch nach Noten für das Team von Jürgen Klopp.

Geballte 05-Sympathie unter einer überdimensionalen Fahne auf der Kümmerling-Tribüne.

»Es kann so viel passieren, es kann so viel geschehen.
Nur eins weiß ich hundertprozentig:
Nie im Leben würde ich zu Bayern gehen.«

dann toben die Ränge. Nicht so in Mainz. Auch beim »Auswärtsspiel« – dem neusten Fußball-Song der Gruppe, bleibt es in der Domstadt relativ ruhig:

»Es ist egal, ob wir das Spiel verlieren,
denn darauf kommt es nicht an.
Und ob das irgend jemand hier sonst kapiert,
ist für uns nicht interessant.«

Das hätte beim entscheidenden Spiel in Berlin sowieso niemand gesungen. Tote Hosen: das ist Fortuna Düsseldorf – (noch) 3. Liga. Mainz, das ist endlich der Weg in die 1. Liga – da hat man auch seine eigene Kultband: Se Bummtschacks.

Nur fliegen ist schöner: Die Begeisterung kennt offenbar keine Grenzen.

Sie gehörten zu den Ersten, die die abfällig gemeinte Bemerkung »Karnevalsverein« aufgriffen und daraus ein musikalisches Geständnis machten:

Wir sind nur ein Karnevalsverein

– das in der »Drohung« gipfelte:

Jetzt kriegt ihr euren Supergau
ein dreifach donnerndes »Helau«

denn:

Wir nehmen euch die Punkte ab
Beschwören unsre Geister
Und wir holen den UEFA-Cup
Und wir werden deutscher Meister.

Die Identifikation der Fans mit Verein und (was nicht selbstverständlich ist) Stadt ist hundertprozentig: »Ja wir sind Mainzer und ihr nit« – da nimmt man es wohl auch in Kauf, dass mit dem Schlachtruf »Weck, Worscht, Woi und Bier« ein Eckpfeiler der Domstädter Gemütlichkeit aufgemotzt wird.

Und bevor das endgültige »Steht auf, wenn ihr Mainzer seid« erklingt – wird noch einmal musikalisch im Stadion sortiert: »Wer kein Mainzer ist, kann gehen«, denn diese letzte Hymne ist »nur für euch«.

Für so viel »Fanarbeit« bekam die »Bänd« auch offizielles Lob: Ihre Fan-CD »Karnevalsverein« wurde als eine der drei besten und originellsten Tonträger unter den Bundesligaclubs gewählt.

Zum Saisonfinale ging noch ein neues schwergewichtiges Sternchen am Fan-Song-Himmel der Nullfünfer auf: Stadionsprecher Klaus Haffner präsentierte eine CD, die er gemeinsam mit den Mainzer Hofsängern aufgenommen hat: »Party-Time bei Mainz 05.« Für Musik-Enthusiasten ist eine Rap-Version der Karnevalisten zu empfehlen: »So ein Tag, ...«

90 Minuten auf der Großleinwand

Das Datum hätte so symbolträchtig sein können: 05.05. – der fünfte Mai des Jahres 2002 wird aber als Tag einer der bittersten Niederlagen in die Vereinsannalen eingehen. Wer voller Hoffnung auf einen sportlichen Höhepunkt nach Berlin gereist war, wurde hier mit einem Umfeld der schlimmsten Sorte konfrontiert. Die dortige Boulevardpresse hatte das Spiel zu einem Kampf »West gegen Ost« hoch stilisiert. Sportliche Fairness war ad acta gelegt, Beleidigungen, Hassgesänge und offene Aggressionen wurden seit einer Woche systematisch geschürt. Die Freie Presse (Ost) »glänzte« täglich mit neuen konstruierten Lügengeschichten über Jürgen Klopp. Ob Union-Schwalben im Strafraum, Pöbeleien des Umfelds oder eine Polizei, die ihren »Fans« bis zur äußersten akzeptablen Grenze (oder schon darüber hinaus?) »freie Hand« ließ – hier musste man als Mainzer resigniert zur Kenntnis nehmen, dass es (übrigens nicht nur) in Berlin Menschen gibt, die Fußball nicht primär als Sport ansehen, sondern für andere Zwecke missbrauchen. Und auch, dass es »Fans« gibt, die sich scheinbar nur allzu gern von solchen Menschen manipulieren und

Ein Wunsch, der sich leider, leider nicht erfüllte: Der »Dino« bleibt der Zweiten Liga zumindest ein weiteres Jahr erhalten – ob's dann nach oben geht?

aufstacheln lassen. Die Mainzer Spieler und Fans als Opfer frustrierter Ost-Funktionäre – das hatten sie jetzt wirklich nicht verdient!
Die überregionalen Medien – vom Kicker bis zum DSF – schwiegen über das Fehlverhalten der für ihre Auftritte berüchtigten Union-»Fans« und bestätigten damit das Urteil über viele Sportjournalisten: Sie sind längst »von kritischen Branchenbegleitern zu devoten Stichwortgebern« mutiert. Und die Fans der neuen Bundeshauptstadt sind zu hätscheln. Gegen solche Seilschaften kommen die braven Fans des Mainzer Karnevalsvereins nicht an – und sie sollten es auch gar nicht erst versuchen. Ihre Stärke ist die Fairness!!!

Macht man sich die Mühe und liest die Ergüsse von Chef-Hetzer Bunkus (Berliner Kurier) aus den letzten Monaten, kann man fast schon Mitleid mit ihm haben: Er glaubte bis zuletzt an das »Märchen« vom Aufstieg seiner Union. Und als das schon vorzeitig verpuffte, wollte er es wenigstens auch noch den Mainzern vermasseln. Eigentlich nur peinlich! Allerdings: Der gleiche Herr legt immer großen Wert darauf, dass er selbst lange Jahre als Schiedsrichter gewirkt hat und versteht sich auch heute irgendwie noch als »Schwarzkittel«. Vielleicht sollte er sich selbst einmal die rote Karte zeigen!

In Mainz hatte man von den Auswirkungen solcher Machenschaften zunächst nichts mitbekommen. Über 20 000 Fans feierten eine tolle Party (bei der man nur leider die Toilettenhäuschen vergessen hatte), bis der Schiedsrichter auf das geschickte Abheben eines Berliner Akteurs reinfiel und auf Elfmeter erkannte. »Das war's dann wohl!«, hörte man in diesem Augenblick sogar bei vielen der Treuesten.
Etwas später der vermeintliche Doppelschlag: Ein Gerücht hielt sich hartnäckig: Ausgleich in Aachen (nur ein Wunschtraum) und Ausgleich in Berlin. (Nkufo: kein Gerücht.) Nochmals Zeit zum Träumen – bis zu diesem verd... Sonntagsschuss. Wenn der Wurm erst einmal drin ist ...

Abpfiff. Und noch ein Kompliment für die Fans: Keine Überreaktionen. Tränen, ruhiger Abmarsch nach Hause oder in die nächste Kneipe – aber: »Lasst bitte den Fernseher aus!«
Für einige sieht es jetzt düster aus: »Nächstes Jahr wieder gegen den Abstieg« – die meisten sehen es anders: Neues Stadion, alter Trainer, dann macht es Kloppo eben in der neuen Saison klar. Mit den aktuellen Erfahrungen wird's dann klappen! Also sehen wir uns in zwölf Monaten vor dem Theater wieder – nur: diesmal bitte mit ein paar Klohäuschen mehr!

Hautnaher Kontakt mit den Fans: Markus Schuler erfüllt Autogrammwünsche.

»Ewwe kimmt der Zug«

Als die Helden dann am Montagabend, dem 6. Mai 2002 – mit der üblichen Bundesbahnverspätung – in Mainz ankamen, waren die Rollen zunächst verteilt. Trotziger Jubel bei den Fans: Jetzt erst recht! Niedergeschlagenheit bei Vorstand und Mannschaft. Die Unsicherheit auf dem Bahnhof (ja, wo kommen sie denn jetzt an?) war ebenso groß wie im Zug: »Wie wird der Empfang wohl sein?« Für einige war er dann zu überwältigend – Tränen und Regen – eine feuchte Angelegenheit.
Dann am Theater vorbei: »Wenn ich jetzt hier vorbeigehe, muss ich wohl immer an das Spiel denken«, sagt ein Fan. Ob der Platz sein negatives Image je los werden wird?
Spätestens auf den Domplätzen hatte dann auch der gestandenste Fan kurzweilig einen Kloß im Hals: Erst gemeinsames Weinen, dann gemeinsamer Trotz. Die Fans kürten die Mannschaft zum »Aufsteiger des Herzens«, und die fühlte sich wieder einmal bestätigt, dass sie die besten Fans der Welt hat.

Zum Mitsingen

Die »Internationale« der Fans. Wenn dieses Lied ertönt, vergessen auch die größten Rivalen für einen Moment ihre alten Fehden:

You'll never walk alone

When you walk through a storm,
hold your head up high,
and don't be afraid of the dark,
at the end of the storm, there's a golden sky,
and the sweet silver song of a lark.
Walk on through the wind,
walk on through the rain,
though your dreams be tossed and blown ...
Walk on, walk on, with hope in your heart,
and you'll never walk alone,
you'll never walk alone ...
Walk on, walk on, with hope in your heart,
and you'll never walk alone,
you'll never walk alone ...

Farbig verpackt: Bekennender Fan von Mainz 05.

Ein rot-weißes Meer an Schals und Fahnen.

Die Hymne der Mainzer Fans an ihren Verein

Mainz 05 – wir sind bei dir

Mainz 05, wir sind bei dir,
Mainz 05, drum sind wir hier.
Mainz 05, in den Farben Rot-Weiß,
Mainz 05, damit jeder es weiß.
Wir bleiben treu, egal was kimmt,
Euer Fußball ja der stimmt.
Wir bleiben treu, egal was kommt,
Euer Fußball ja der stimmt.
Mainz 05, du bist gut drauf,
Mainz 05, du gibst nicht auf.
Mainz 05, ja wir singen den Hit,
Mainz 05, darum machen wir mit.
Wir bleiben treu, egal was kimmt,
Euer Fußball ja der stimmt.
Wir bleiben treu, egal was kimmt,
Euer Fußball ja der stimmt ...

Mainz 05-Fanclubs

(ohne Anspruch auf Vollständigkeit)

ABS (Fanclub der Apotheker, Beamten und Sonstigen)
Anner Rhoiseit
Ballermann
Die Besten
Die Bombeleescher
Bruchwegfrösche
Catweazle
Durstige Dinos Oppenheim
Falsche Rheinseite
Fan Klopp
Fanatics
Fanclub der blinkenden 05-Herzen
Funzeleck
Gegengerade
Die Heiner
Jetzt geht's los
Die Kloppos
Lifestyle
Mainz Army
Mainz-Indians
Mainz 05 – United
Meenzer Metzger
Meenzer Power Schlabbe
Die Nattern
05er Napoleon
05-Fanclub Pfalz
05-Suchtzwerge
Die Pümpel
Rheinfire '97
Rheinhessen 2000
Rheinpiraten
Gaststätte »Rhoi-Schnook«
Rico Manias
Rolli-Club Mayence e.V.
Scheiß Tribüne
Die Schluckspechte
Tausende
Tazmania
Die Treuen
Viererkette

Die offiziellen Fanclubs

Immer präsent und nicht zu übersehen: Die gleichermaßen treuen wie friedlichen Anhänger der Bruchweg-Fußballer.

Fans nutzen ein Heimspiel der 05er zu einer Botschaft, die Respekt und Anerkennung verdie

Winke, winke: Für die Zuschauer hatten Mainz 05 und Sponsoren immer wieder Überraschungen parat.

... und tschüss: Sympathieträger Jürgen Klopp nach dem Spiel beim Abklatschen mit den Fans.

MM&M
HIT-RADIO
RPR
Eins
Nur die Super-Hits
...der 80er, 90er und von heute.
Super-Abwechslung!
Auf UKW:
Rhein-Neckar-Pfalz, Großraum Karlsruhe: 91,1 • 98,1 • 103,1 • 103,3 • 103,6 • 104,7
Eifel-Saar-Mosel: 100,1 • 102,1 • 102,6 • 102,9
Rhein-Main-Nahe: 89,7 • 100,3 • 100,6
Rheinland, Kölner Bucht, Südl. NRW: 101,5 • 102,9 • 103,5
www.radio-rpr.de

Backstage

im Fußball muss man die Emotionen so kanalisieren, dass alle ihren Spaß haben.«

Die Wucht am Rhein

Stadionsprecher Klaus Hafner

von Michael Bonewitz

Klaus Hafner, Stadionsprecher von Mainz 05. Nimmermüder Animateur der Fans.

Wie ein Fels in der Brandung steht er da. Fast zwei Meter groß und »vier Kilo schwerer als Leverkusens Manager Reiner Calmund«. Von Nervosität keine Spur. Listig funkeln seine braunen Augen. Mit der rechten Hand streicht er sich über seinen Schnurrbart, greift mit der linken zum Mikrofon und dröhnt mit sonorer Stimme aus lastwagengroßen Lautsprechern über den Platz: »Auf geht's!« Als hätten die 20 000 Fans nur auf ein Signal gewartet, um in das Stimmen- und Jubel-Chaos endlich Ordnung zu bringen. In wenigen Sekunden haben zig-tausende klatschende Hände ihren Takt gefunden. »FSV« hallt es über den Mainzer Gutenbergplatz.

Moderator und Animateur

Jetzt ist er in seinem Element: Klaus Hafner, Stadionsprecher von Mainz 05. Nimmermüder Animateur der Fans, Moderator und Inspirator. Urplötzlich kommt Bewegung in seinen massigen Körper. Wie ein Gummiball springt er über die winzige Bühne des Radiosenders RPR, schnappt sich seinen Fastnachtsschal und schwingt ihn über dem Kopf wie ein Lasso.
An ihm hat's ganz bestimmt nicht gelegen, dass es mit

Die Übertragung des »Endspiels« gegen Berlin auf dem Mainzer Gutenbergplatz.

dem Aufstieg nicht klappte. Auch in der schwersten Stunde seiner Fußballmannschaft steht er wieder auf einer winzigen Bühne, diesmal am Fuße des Mainzer Doms. Statt 20000 Menschen kommen nur 4000. Wer mag schon Niederlagen in unserer erfolgsverwöhnten Zeit. Der undankbare vierte Platz, heißt das im Statistiker-Deutsch. Doch Klaus Hafner greift noch mal an. Der gleiche Schal, die gleiche Musik, die gleichen Gesten. Zwei Stunden heizt er den treuesten Fans ein, puscht die Stimmung hoch, weckt den Stolz in jedem echten 05er, und als schließlich die Mannen um Trainer Jürgen Klopp mit hängendem Kopf die Bühne betreten, scheint die Welt fast schon wieder in Ordnung. Die Versöhnung der Fans mit ihren Stars – so schön kann Fußball sein.

Als Dank greift irgendwann Präsident Harald Strutz zum Mikro als schon alles gesagt schien, nimmt die Melodie des letzten Liedes auf und singt: »Wir haben den besten – Stadionsprecher der Welt.« Jetzt brechen für kurze Zeit auch bei dem Koloss die Dämme. Das Ende einer aufreibenden Saison.

Mainzer Lebensart

Trübsal ist allerdings nicht die Welt des Klaus Hafner, er scheint die gute Laune abonniert zu haben. »Auf geht's« ist sein Paraderuf bei jedem Heimspiel am Bruchweg. Wie ein Lebensmotto ist es ein Signal, das immer dann ertönt, wenn mal die Stimmung sinkt oder die Spannung abreißt.

Der Rest ist Mainzer Lebensart. Das Herz am rechten Fleck und immer einen flotten Spruch parat. Vor allem – keine Langeweile, dafür sorgt schon der überfüllte Terminkalender. Beruflich leitet er die Abteilung Werbung und Verkaufsförderung bei der Landesbausparkasse LBS. Und auch hier ist er eine treue Seele. Seit LBS-Gründerzeiten (1973) geht er auf Werbefeldzug für Bausparverträge aller Art.
Geboren wurde Klaus Hafner am 3. Mai 1954 in Mainz-Hechtsheim. Bis zur A-Jugend hat er beim TSG Hechtsheim Fußball gespielt, seit 1981 ist er Mitglied bei Mainz 05, war zehn Jahre Jugendtrainer und Betreuer, zwei Jahre Jugendkoordinator und – als Nachfolger von Klaus Friedrich – sogar zwei Jahre Interims-Geschäftsführer. Von Friedrich hat er schließlich auch den Job des Stadionsprechers geerbt.

Der Job soll Spaß machen

Doch wer glaubt, alle zwei Wochen beim Heimspiel tausende Fans zu animieren, genüge dem Energiebündel, der irrt. Nebenbei war er schon Hallensprecher bei den deutschen Tennismeisterschaften, drei Jahre »Mister Radsport« bei der Interregiotour, Hallensprecher bei den Basketballern des ASC Theresianum und, und, und. »Ich habe den Anspruch, mich immer gut vorzubereiten«, erzählt Klaus Hafner, »aber viel wichtiger ist mir, dass die Leute spüren, dass mir mein Job Spaß macht.« Regelmäßig trifft er sich vor dem Spiel mit den Fußballanhängern im Stadion, horcht hinein in die Stimmung und »fühlt sich den Fans verpflichtet«.

Eine neue Fankultur

In Mainz hat sich in Sachen Fankultur in den letzten Jahren einiges geändert. Statt Konfrontation heißt die Losung Kooperation. Statt Nebelkerzen blenden die Fans mit originellen Spruchbändern die Gegner. Hafner selbst fühlt sich dabei als Mittler zwischen Mannschaft, Spielgeschehen und den Fans. Das positive Erlebnis steht im Vordergrund, der Spaß am Spiel und nicht der Hass auf den anderen. »Zum Glück leben wir hier in Mainz – ähnlich wie die Freiburger – in einer Art gelobtem Land.«

Das Konzept hat Erfolg. Als der Gästeblock die Mainzer Mannschaft verhöhnt: »Ihr seid nur ein Karnevalsverein«, da wird das Spottlied einfach zum Vereinssong umgemünzt. Jetzt singen die 05er Fans voller Inbrunst: »Wir sind nur ein Karnevalsverein.« Eine fast schon philosophisch anmutende Reaktion. Aus vermeintlichen Schwächen werden Stärken.

Zuspruch von der Haupttribüne

Und auch das Bild der Haupttribüne hat sich in den letzten Jahren gewandelt. Statt steif dasitzender Herren und

Ein Ritual bei jedem Heimspiel: Klaus Hafner (li.) präsentiert den Fans die Mannschaftsaufstellung.

Damen mit VIP-Anspruch, feuern nun auch die Fans auf den teuersten Plätzen mit rotweißen Schals und Trompeten ihre Mannschaft an. Nur der Name des jüngsten Fan-Clubs (Scheiß Tribüne), gegründet von Dauerkarten-Besitzern auf eben jener Stadionseite, erinnert noch an alte Zeiten, als die Gegengerade wegen mangelnder Beteiligung brüllte: »Scheiß Tribüne.«

Das Sportereignis wird zur Party

Klaus Hafners großes Vorbild indes sind die Football-Spiele der Frankfurt Galaxy. Hier wird das Sportereignis zur Party. Ob Sieg oder Niederlage, die Stimmung kippt nie ins Negative, allenfalls die Höhe der Begeisterungswellen unterscheiden sich. »Auch Fußball ist ein solches Spektakel«, resümiert Hafner, »und dabei geht es mir als Stadionsprecher in erster Linie darum, die Emotionen so zu kanalisieren, dass es beiden Seiten Spaß macht.«

Und doch ist Fußball nicht alles: »Mit 50 höre ich auf«, ist sich Hafner sicher, »dann mache ich mal was ganz anderes.« Das nächste Großprojekt steht schon vor der Tür. Klaus Hafner ist Organisator der deutschen Musikmeisterschaften für Spielmannszüge im Jahre 2004 zum 50-jährigen Jubiläum seiner Burggrafengarde im Carneval-Club Weisenau (CCW). 24 Jahre hat er »Musik gemacht« und den Musikzug geleitet.

Er tanzt gerne, lacht gerne, isst gerne – wie man sieht – und kocht gerne. Am liebsten mit Klaus Hammer als »Klaus und Klaus kochen mit Dirk Maus«. Ein Prominentenkochen im Mainzer Hilton für einen guten Zweck. Auch das ist typisch Klaus Hafner: »Ich will nicht über soziale Missstände meckern, ich will lieber etwas machen.«

Siegen ist die beste Medizin

Mannschaftsarzt Dr. Klaus Gerlach

Sie sorgen bei Verletzungen für die Erstversorgung der Spieler im Stadion: Mannschaftsarzt Dr. Klaus Gerlach (li.) und Physiotherapeut Uli Märten.

Oft sind es spektakuläre Einzelereignisse, die einen Menschen ungewollt berühmt werden lassen. Jedenfalls vor September 2001 kannte kaum jemand in Deutschland Dr. Klaus Gerlach, den Vereinsarzt von Mainz 05. Doch dann rettete er innerhalb von einer Woche gleich zwei Menschen das Leben. Das scheint auf den ersten Blick für einen Arzt nichts Außergewöhnliches. In diesem Fall aber war einer der Betroffenen der Vater von Rudi Völler: Beim Länderspiel gegen England im Münchener Olympiastadion erlitt er einen Herzinfarkt und wurde von dem zufällig in der Nähe sitzenden Dr. Gerlach reanimiert. Da rauschte der deutsche Presse-Blätterwald! Als wäre das nicht schon genug, wird Dr. Gerlach eine Woche später erneut zum Lebensretter. Während des Heimspiels von Mainz gegen Hannover holte der 05er-Mannschaftsarzt erneut einen Menschen durch Herzmassage ins Leben zurück. »Da gehe ich vier, fünf Jahre auf Sportplätze und nichts passiert. Und dann wird man in kurzer Zeit zweimal mit dem Tod konfrontiert. Für einen Notarzt mag das ja Alltag sein, für mich nicht«, erklärt der Sportmediziner, an dem diese Ereignisse nicht spurlos vorbeigegangen sind. Zum Glück standen dem erfahrenen Arzt nach der Rettungsaktion Team-Manager Axel Schuster und Zeugwart Wal-

Dr. Gerlach (oben re.) sitzt als medizinischer Ratgeber mit auf der Trainerbank und freut sich über jeden Sieg, vor allem, wenn seine Hilfe nicht gebraucht wurde.

ter Notter als Gesprächspartner zur Seite. Und dank der gut vorbereiteten Sanitäter in den beiden Stadien lief auch die Rettungskette reibungslos: »Alleine hätte ich nichts ausrichten können«, erklärt Dr. Gerlach.
Mit Dr. Gerlach haben die Mainzer Kicker nicht nur einen erfahrenen Sportmediziner an ihrer Seite, sondern auch eine echte Sportskanone. Als Jugendlicher spielte er beim TuS Seibersbach, seinem Geburtsort, bevor er über den TuS Stromberg zu Mainz-Weisenau kam. Neben dem Fußball entdeckte er auch seine Leidenschaft für die Leichtathletik. Nach einem Sportunfall musste er sich allerdings neue Herausforderungen suchen – Fußball und Leichtathletik waren fortan tabu. Kein Wunder, dass Klaus Gerlach als Sportler mit Leib und Seele schnell Ersatz gefunden hat: das Surfen. 1978 gründete er mit Freunden den Mainzer Surfclub und hat mit dieser Sportart sogar Karriere gemacht: Gerlach war mehrfach Clubmeister und nahm erfolgreich an den Rheinland-Pfalz-Meisterschaften und den deutschen Hochschulmeisterschaften teil. In der Verbindung von Medizin und Sport sieht der Teamarzt seine Erfüllung, und bessere Voraussetzungen für die Arbeit eines Mannschaftsarztes kann sich ein Fußballteam wohl nicht wünschen. Und in einer Sache sind sich alle einig: Siegen ist die beste Medizin!

Für, mit und bei Mainz 05 am Ball

Der Geschäftsführer

Michael Kammerer

Der Teammanager

Axel Schuster

Der Sportmanager

Sven Demandt

Der Schiedsrichterbetreuer

Helmut »Rocky« Mayer

Der Konditionstrainer

Axel Busenkell

Der Zeugwart

Walter Notter

Der Platzwart

Manfred Sauteir

Amadeus
lotto

»Mainz 05 – die zweitbeste Auswärtsmannschaft der Saison 2001/2002.«

Statistik

Lasst die Zahlen sprechen

Zweitbeste Auswärtsmannschaft der Saison 2001/2002

Nach der tollen Saison 2001/2002 heißt es von August an wieder: Auf geht's zu neuen Taten!

Trotz verpasstem Aufstieg kann sich die Mainz 05-Statistik der Saison 2001/2002 sehen lassen: Mit 30 Punkten stellten die Nullfünfer hinter Hannover 96 die zweitbeste Auswärtsmannschaft. Der Aufstieg in die erste Bundesliga scheiterte – so jedenfalls die Statistik – während der Heimspiele. Auch wenn Mainz 05 als Herbstmeister in die Rückrunde startete, so waren sie dann nur noch die Nummer sieben unter den 18 Clubs. Hier büßten sie auf den VfL Bochum 13, auf Arminia Bielefeld neun Punkte ein und holten sogar fünf Punkte weniger als Rot-Weiß Oberhausen.
Der Erfolg wirkte wie ein Magnet auf die Fans: Besonders zahlreich strömten sie in der zweiten Hälfte der Saison ins Stadion. In der Vorrunde waren es während der neun Spiele noch 77 767 Fans (Schnitt: 8640), in den acht Spielen der Rückrunde dagegen 89 975 (Schnitt: 11 247). Insgesamt sahen 167 742 Zuschauer die 17 Begegnungen am Bruchweg (Schnitt: 9867) – im Vorjahr waren das noch 102 720 (Schnitt: 6042): Eine bemerkenswerte Steigerung von 62 Prozent!
Die Live-Atmosphäre begeisterte: Trotz der Übertragung der Spiele gegen Eintracht Frankfurt und Greuther Fürth war das Stadion ausverkauft. Gegen Ahlen waren die wenigsten Besucher zu verzeichnen (6258) – und das,

obwohl die Mainzer zum damaligen Zeitpunkt zum ersten Mal die Tabelle anführten. Der geringste Rückrundenbesuch war am 19. Dezember mit 8118 Zuschauern gegen Aachen.
Im Vergleich zur vorherigen Saison mit 37 Toren und 40 Punkten regnete es förmlich Treffer: 66 Tore. Die Torschützenliste wird angeführt von Nkufo (14), gefolgt von Thurk (12), Friedrich und Voronin mit jeweils acht Treffern, Kramny (7), D. Weiland (5), Bodog und Hock (je 3), Schwarz (2), Schuler, Babatz und N. Weiland (je 1). Beim Spiel gegen Hannover 96 erzielte ein 96er am Bruchweg ein Eigentor zum 2:2.

Wache und Voronin immer dabei

Im Vergleich zur Vor-Saison mit 30 Spielern wurden 2001/2002 in 34 Spielen 24 Spieler eingesetzt. Torhüter Wache und Angreifer Voronin waren immer mit von der Partie. Dahinter: Kramny (33), Schuler, Thurk und Friedrich (je 31), N. Weiland, Bodog, und D. Weiland (je 30), Nkufo (28), Hock und Nikolic (je 27), Babatz (23), Schwarz (20), Ziemer (15), Neustädter (14), Christ (11), Skrinjar (7), Bediako und Probst mit je fünf Einsätzen, Ahanfouf (4), Lieberknecht (2), Muftawu und Zedi (je 1). Einige mussten in der Statistik Einbußen hinnehmen, da sie Sperren abzusitzen hatten: Bodog und Christ (beide im Pokal) wegen Roter Karten und Thurk nach seinem Siegertreffer und »Tor des Monats« beim Auswärtsspiel gegen Karlsruhe. Gelb-Rot gab's für Schwarz, Schuler, D. Weiland, Thurk und Nikolic. Bodog, Schwarz, Nkufo, D. Weiland und Schuler wurden wegen Gelb gesperrt. Der linke Außenverteidiger der Mainzer war »erfolgreichster« Kartensammler (12) und saß deshalb zweimal auf der Bank.
Auch ein Rekord: Eine Trainerfrage stellte sich in der erfolgreichen Saison zu keinem Zeitpunkt. Mit Ahanfouf von Unterhaching wurde im Verlauf der Saison nur ein Spieler verpflichtet. Abwehrspieler Schuiteman wechselte im Gegenzug in den Münchner Vorort. Kinkel wechselte nach Babelsberg. Melunovic (Schweinfurt) und Ratkowski (Chemnitz) waren schon früh in der Saison ausgeliehen worden.

Ein erfolgreiches Gespann: Trainer Jürgen Klopp und Kapitän Dimo Wache (rechts).

In allen 34 Spielen dabei: Stürmer Andrej Voronin (links) mit Stephan Kuhnert.

Die bisherigen Trainer von Mainz 05:

Setzte sich in Mainz (fast) ein Denkmal: Mehrfach-Retter Wolfgang Frank.

Schaffte beim Kurz-Gastspiel den Klassenerhalt: Dirk Karkuth.

1946 Helmut Schneider
1948 Albert Heitz
1950 Dr. Berno Wischmann
1951 Hans Geiger
1952 Georg Beyerer
1953 Emil Iszo
1955 Gerd Higi
1957 Josef Kretschmann
1959 Heinz Baas
1966 Horst Zaro
1966 Walter Sonnenberger
1967 Erich Bäumler
1968 Karlheinz Wettig
1969 Erich Gehbauer
1971 Bernd Hoss
1974 Uwe Klimaschefski
1974 Gerd Menne
1975 Gerd Higi
1976 Horst Hülß
1980 Herbert Dörenberg
1982 Lothar Emmerich
1984 Horst-Dieter Strich
1988 Horst Hülß
1989 Robert Jung
1992 Josip Kuze
1995 Hermann Hummels
1996 Horst Franz
1996 Wolfgang Frank
1997 Reinhard Saftig
1997 Dietmar Constantini
1998 Wolfgang Frank
2000 Dirk Karkuth
2000 René Vandereycken
2000 Eckhard Krautzun
2001 Jürgen Klopp

In dieser Übersicht nicht aufgelistet ist der langjährige Amateurcoach Manfred Lorenz, der zwischen 1996 und 2000 kurzfristig insgesamt fünfmal als Interimstrainer fungierte.

Erfüllte die Erwartungen nicht: René Vandereycken aus Belgien.

Oben: Dem Trainer-»Oldie« fehlte das Glück: Eckhard Krautzun.

Unten: Sprang stets in die Bresche, wenn Not am Mann war: Manfred Lorenz.

Die Vorsitzenden / Präsidenten von Mainz 05 seit 1905:

Karl Finkenauer
Eugen Salomon
Philipp Amelung
Hans Rückeshäuser
Karl Luyken
Rolf Ludwig
Willi Vogelsanger
Jean Funk
Karl Arnold
Dr. Adam Riedel
Dr. Hans Heim
Gustav Metzges
Dr. Georg Dahlem
Dr. Mohr
Karl Krämer
Jean Laufer
Theo Edinge
Wilhelm Müller
Karl Armbruster
Karl Friedrich Weigand
Walter Strutz
Emil Enderle
Werner Höllein
Dr. Wolfgang Enders
Jürgen Jughard
Bodo Hertlein
Harald Strutz (seit 1988)

Die Tabelle ...

... nach dem 1. Spieltag, 29. Juli 2001

Fürth – RW Oberhausen	2:2
MSV Duisburg – LR Ahlen	1:4
1. FCS – Mannheim	1:3
Bielefeld – Babelsberg	0:1
Frankfurt – SSV Reutlingen	3:1
SpVgg. Unterhaching – VfL Bochum	0:2
Alemannia Aachen – FSV Mainz 05	0:2
Karlsruher SC – 1. FC Schweinfurt 05	1:0
1. FC Union Berlin – Hannover 96	1:1

1.	LR Ahlen	1	4:1	3
2.	Waldhof Mannheim	1	3:1	3
	Eintracht Frankfurt	1	3:1	3
4.	FSV Mainz 05	1	2:0	3
	VfL Bochum	1	2:0	3
6.	SV Babelsberg 03	1	1:0	3
	Karlsruher SC	1	1:0	3
8.	Rot-Weiß Oberhausen	1	2:2	1
	SpVgg. Greuther Fürth	1	2:2	1
10.	Hannover 96	1	1:1	1
	1. FC Union Berlin	1	1:1	1
12.	Arminia Bielefeld	1	0:1	0
	1. FC Schweinfurt 05	1	0:1	0
14.	SSV Reutlingen	1	1:3	0
	1. FC Saarbrücken	1	1:3	0
16.	Alemannia Aachen	1	0:2	0
	SpVgg. Unterhaching	1	0:2	0
18.	MSV Duisburg	1	1:4	0

... nach dem 17. Spieltag, 29. Juli 2001

Unterhaching – KSC	0:0
LR Ahlen – Arminia Bielefeld	1:1
RW Oberhausen – Duisburg	0:2
Babelsberg – Frankfurt	1:3
SSV Reutlingen – 1. FC Saarbrücken	3:0
Hannover 96 – Fürth	3:1
FSV Mainz 05 – 1. FC Union Berlin	1:0
VfL Bochum – Alemannia Aachen	5:3
Waldhof Mannheim – 1. FC Schweinfurt 05	2:0

1.	FSV Mainz 05	17	37:18	39
2.	Hannover 96	17	49:18	38
	Arminia Bielefeld	17	33:18	31
4.	Eintracht Frankfurt	17	27:19	29
	VfL Bochum	17	31:25	27
6.	LR Ahlen	17	32:37	27
	Fürth	17	26:21	26
8.	1. FC Union Berlin	17	32:21	25
	SSV Reutlingen	17	29:28	23
10.	Waldhof Mannheim	17	21:23	23
	SpVgg. Unterhaching	17	18:22	21
12.	Karlsruher SC	17	21:26	21
	Alemannia Aachen	17	22:34	21
14.	MSV Duisburg	17	25:31	18
	1. FC Schweinfurt 05	17	16:32	18
16.	SV Babelsberg 03	17	21:40	15
	Rot-Weiß Oberhausen	17	21:31	12
18.	1. FC Saarbrücken	17	12:29	10

... nach dem 33. Spieltag, 28. April 2002

RW Oberhausen – Arminia Bielefeld	0:0
Waldhof Mannheim – Karlsruher SC	2:1
LR Ahlen – Eintracht Frankfurt	0:1
Hannover 96 – MSV Duisburg	4:1
FSV Mainz 05 – Fürth	1:1
VfL Bochum – 1. FC Union Berlin	2:1
SpVgg. Unterhaching – Alemannia Aachen	3:0
SSV Reutlingen – Schweinfurt	3:1
Babelsberg – 1. FC Saarbrücken	1:2

1.	Hannover 96	33	88:36	72
2.	FSV Mainz 05	33	65:35	64
	Arminia Bielefeld	33	65:37	62
4.	VfL Bochum	33	66:48	62
	Fürth	33	61:36	59
6.	1. FC Union Berlin	33	58:40	53
	Eintracht Frankfurt	33	51:43	53
8.	LR Ahlen	33	59:67	48
	SSV Reutlingen	33	50:53	44
10.	MSV Duisburg	33	55:53	43
	Waldhof Mannheim	33	41:48	42
12.	Alemannia Aachen	33	40:65	40
	Rot-Weiß Oberhausen	33	51:48	39
14.	SpVgg. Unterhaching	33	41:46	38
	Karlsruher SC	33	42:51	38
16.	1. FC Schweinfurt	33	30:69	24
	1. FC Saarbrücken	33	26:71	22
18.	SV Babelsberg 03	33	38:81	17

... nach dem 34. Spieltag, 5. Mai 2002

Karlsruher SC – SpVgg. Unterhaching	3:0
1. FC Saarbrücken – SSV Reutlingen	4:3
Eintracht Frankfurt – SV Babelsberg 03	1:1
Arminia Bielefel – LR Ahlen	3:1
MSV Duisburg – RW Oberhausen	1:4
Fürth – Hannover 96	1:5
1. FC Union Berlin – FSV Mainz 05	3:1
Alemannia Aachen – VfL Bochum	1:3
1. FC Schweinfurt 05 – Waldhof Mannheim	0:1

1.	Hannover 96	34	93:37	75
2.	Arminia Bielefeld	34	68:38	65
	VfL Bochum	34	69:49	65
4.	FSV Mainz 05	34	66:38	64
	Fürth	34	62:41	59
6.	1. FC Union Berlin	34	61:41	56
	Eintracht Frankfurt	34	52:44	54
8.	LR Ahlen	34	60:70	48
	Waldhof Mannheim	34	43:48	45
10.	SSV Reutlingen	34	53:57	44
	MSV Duisburg	34	56:57	44
12.	Rot-Weiß Oberhausen	34	55:49	42
	Karlsruher SC	34	45:51	41
14.	Alemannia Aachen	34	41:68	40
	SpVgg. Unterhaching	34	41:49	38
16.	1. FC Saarbrücken	34	30:74	25
	1. FC Schweinfurt 05	34	30:70	24
18.	SV Babelsberg 03	34	39:82	18

Sponsor

»Ich glaube, dass beide Seiten hoch zufrieden sein können.«

05 als positiver Imageträger

Der Verein und sein Hauptsponsor

von Bernd-Dieter Jenrich

Präsentierten sich am 14. August 2001 als künftige Partner: 05-Präsident Harald Strutz (links) und Günter Spahn, Vorstands-Vorsitzender des neuen Haupt- und Trikotsponsors Amadeus AG.

Es wächst und gedeiht«, hatte Harald Strutz am 2. August 2001 auf die Frage geantwortet, wie der Stand der Dinge auf der Suche nach einem Nachfolger von Erdal Rex (Werner & Mertz) sei. Der in Mainz beheimatete Reinigungs- und Pflegemittel-Hersteller hatte bekanntlich zum 30. Juni des Jahres seine vierjährige Partnerschaft mit Mainz 05 als Haupt- und Trikotsponsor beendet. Am 14. August konnte der 05-Präsident dann Vollzug melden und im Goldsaal des Hilton-Hotels die Schleier lüften: Als neuer Haupt- und Trikotsponsor über die gleiche Laufzeit von zwei Jahren wurde mit der Amadeus AG einer der erfolgreichsten und am dynamischsten wachsenden Personaldienstleister Deutschlands vorgestellt. »Es hat lange gedauert, aber wir haben eine sehr gute Lösung gefunden«, war sich Strutz sicher und formulierte als Zielsetzung des Vereins, »dieses Vertrauen mit sportlichem Erfolg und wirtschaftlichem Aufschwung zurückzugeben.« Diese zuversichtliche Einschätzung war bei der Geburtsstunde der künftigen Zusammenarbeit von der Gegenseite nachdrücklich bestätigt worden. Denn Günter Spahn, der Amadeus-Vorstandsvorsitzende, kommentierte den Kontrakt gleichermaßen positiv wie seine damit verknüpften Erwartungen: »Unsere Messlatte für Professionalität,

Führung und Image lag sehr hoch – in Mainz 05 haben wir einen Partner gefunden, bei dem diese Parameter erfüllt sind. Wir sind sehr glücklich darüber, die Rolle als Hauptsponsor zu übernehmen. Der Verein ist ein positiver Imageträger und passt deshalb hervorragend zur Amadeus-Gruppe und ihrer Kommunikations- und PR-Strategie.«

Die nach Wochen der Verhandlungen getroffene und für Mainz 05 gegenüber dem Engagement von Erdal Rex deutlich günstigere Vereinbarung beinhaltet, dass das 1990 gegründete Unternehmen dem Fußball-Zweitligisten pro Saison 700000 Mark (umgerechnet etwa 358000 Euro) als Sockelbetrag zur Verfügung stellt, dazu kommen Prämien. Vertraglich geregelt ist ferner, dass nicht nur die rund 700 Trikots entsprechend beflockt wurden, sondern auch die Werbebanden und die in Amadeus-Tribüne umbenannte Nordtribüne im Bruchwegstadion für zwei Jahre den Namenszug des in Europa tätigen Personaldienstleisters tragen. Überdies hatten sich beide Parteien auf eine Option verständigt, die Kooperation gegebenenfalls über die Dauer von zwei Jahren hinaus fortzusetzen. Oder auch bei einem Bundesliga-Aufstieg zu modifizieren. »Da hätte Mainz 05 ganz andere Möglichkeiten, dann müssten neue Gespräche geführt werden«, so Günter Spahn im August des Vorjahres anlässlich der Präsentation seines Unternehmens im Hilton. Dieser »Kasus knaxus« ist nun höchst bedauerlicherweise nicht eingetreten. Gespräche, mit positiver Tendenz, hatten bereits stattgefunden.

Neuland für Amadeus

Der Einstieg bei Mainz 05 ist für die Amadeus AG, die zuvor zahlreiche Zweitliga- und Regionalligavereine prüfend unter die Lupe genommen hatte, das erste Engagement im Sport. Die Zweite Bundesliga ist dafür laut Spahn ein gutes Forum. Da das Unternehmen Niederlassungen in annähernd der Hälfte der Zweitliga-Städte habe, bedeute dies zugleich, »dass wir auch bei Auswärtsspielen des 1. FSV Mainz 05 vor Ort Präsenz zeigen. Daher macht dieses Engagement sehr viel Sinn«. Doch warum schlussendlich das Votum für den Bruchwegklub? Den Ausschlag gegeben habe, so Spahn augenzwinkernd, am 5. August 2001 der sehenswerte Treffer von Blaise Nkufo zum 2:0-Endstand gegen Unterhaching. »Als ich dieses Supertor gesehen habe, habe ich gewusst: Das machst du.« Und seither ist der Vorstandsvorsitzende, der früher selbst in der Bezirks-Oberliga die Fußballstiefel schnürte, regelmäßig auf der Haupttribüne im Bruchwegstadion zu begrüßen. Bei seinem ersten »offiziellen« Besuch am 19. August 2001 gegen den Karlsruher SC genoss es der Amadeus-Chef begreiflicherweise besonders, dass das Siegtor zum 1:0 just vor der Amadeus-Tribüne fiel: »Ich hatte es vorher gehofft – schön, dass es tatsächlich so gekommen ist ...«

Leistungsexplosion als PR-Strategie

Die grundsätzliche Hoffnung, dass mit einem sportlichen Erfolg der 05er auch die »Medienpräsenz« und damit zugleich der Bekanntheitsgrad seines Hauses zunehmen möge, erfüllten sich in der jetzt beendeten Saison 2001/2002 mutmaßlich vollauf. Die Leistungsexplosion in Mainz fand in Presse, Rundfunk und Fernsehen weit über die lokalen und regionalen Grenzen hinaus ein lebhaftes Echo – allein sieben Direkt-Übertragungen von 05-Auftritten im DSF brachten den Haupt- und Trikotsponsor von Mainz 05 optisch in Millionen bundesdeutscher Haushalte.

Doch wie schaut nun konkret das Tätigkeitsfeld des Unternehmens aus, was verbirgt sich hinter dem Titel »Personaldienstleister«? Wie eingangs erwähnt, wurde die Aktiengesellschaft mit dem roten Firmenlogo 1990 gegründet und hatte seither, so Spahn bei der Verkündung der Partnerschaft mit den 05ern, erfreuliche Zuwächse zu verzeichnen. Seit dem 4. März 1999 ist Amadeus an der Börse notiert. Zurzeit liegt die Aktie (Emissionspreis 11,50 Euro) bei zirka 18 Euro und wird von Analysten empfohlen.

Die Gesellschaft ist spezialisiert auf Personaldienstleistungen für hoch qualifizierte kaufmännische Fach- und Führungskräfte. Das Tochterunternehmen FiRe AG ist Marktführer im Bereich Finanz- und Rechnungswesen. An zurzeit 20 Standorten in Deutschland gibt es 40

Gestiefelt und gespornt: Vor dem Anpfiff der aufregenden Fußball-Saison 2001/2002 stellt sich das Zweitliga-Aufgebot von Mainz 05 im Outfit des neuen Hauptsponsors Amadeus AG den Objektiven der Fotografen.

Niederlassungen (pro Standort je eine Amadeus- und FiRe-Niederlassung), die »Dependance« in Mainz befindet sich in der Kleinen Schöffergasse. Darüber hinaus sind Tochtergesellschaften in Österreich, in den Niederlanden und in England positioniert. Die Amadeus AG versteht sich als internationaler Personaldienstleister und Solution Provider mit voller Wertschöpfungskette. Als Lieferant von Ergebnissen ist sie strategischer Partner von Unternehmen und unterstützt diese zielorientiert.

Auf Wachstumskurs

Die Unternehmensgruppe ist in den Geschäftsfeldern Zeitpersonalservice, Interim-Management, Executive Search, Personalvermittlung, Weiterbildung und IT-Beratung tätig. Zu dem Konzern gehören auch die Steuer-Fachschule Dr. H.W. Endriss GmbH & Co KG, die Föhr Human Ressources Personalberatung GmbH und Greenwell & Gleeson in England. In einem für die Branche sehr schwierigen Jahr erreichte das Unternehmen für 2001/2002 ein ausgezeichnetes Ergebnis und segelte damit weiter auf Wachstumskurs. Der Umsatz im Geschäftsjahr 01/02 ist, inklusive der akquirierten Gesellschaften, um 41 Prozent auf 68,9 Millionen Euro gestiegen (Vorjahr 48,9). Das Kerngeschäft der Gruppe verbesserte sich um 21 Prozent, während das Marktwachstum für Personaldienstleistungen in Deutschland in der Vergleichsperiode (April 2001 bis März 2002) rund minus fünf Prozent betragen haben dürfte. Das operative Konzernbetriebsergebnis vor Firmenwertabschreibung (EBITA) liegt mit etwa 8,8 Millionen Euro um rund 37 Prozent über dem des Vorjahres. Die endgültigen Zahlen für 2001/2002 und der Dividendenvorschlag werden am 18. Juni bekannt gegeben.

Für das am 1. April begonnene Geschäftsjahr 2002/2003 wird ein Umsatz von 74 Millionen Euro erwartet, was einer vergleichbaren Steigerung von rund 14 Prozent entspräche. Insgesamt sind bei der Amadeus AG zirka 1200 Mitarbeiter(innen) beschäftigt. Die Anforderungen an die Mitarbeiter sind dabei in persönlicher wie professioneller Hinsicht hoch. Die wichtigsten Elemente sind dabei eine erfolgreich absolvierte Ausbildung (etwa 70 Prozent der Mitarbeiter/innen haben einen Hochschul- oder Fachhochschul-Abschluss), Berufserfahrung sowie Fremdsprachen- und EDV-Kenntnisse.

Und wie schauen nun die beiderseitigen Bewertungen nach den ersten acht Monaten der geschäftlichen Liaison aus? »Ich war mir von Beginn an sicher, dass diese Kooperation einen positiven Einfluss auf unseren Bekanntheitsgrad haben würde«, versah Amadeus-Vorstandsvorsitzender Günter Spahn die Zwischenbilanz mit einer guten Note. Der sich 05-Präsident Harald Strutz nahtlos anschloss. »Ich glaube, dass beide Seiten hoch zufrieden sein können«, so der Rechtsanwalt, »und wir sind sehr dankbar, einen Partner gefunden zu haben, der das Risiko mit uns eingegangen ist.« Die Amadeus AG ihrerseits habe sich mutmaßlich in diesem Umfang nicht vorstellen können, dass sie, nicht zuletzt durch die TV-Übertragungen, eine derart hohe Öffentlichkeits-Präsenz erfahren würde. Zu dem ausnehmend angenehmen Klima der Beziehung trage bei, dass sein Amtskollege Spahn ein »Fußball-Verrückter« sei – »natürlich im positiven Sinne«. Strutz: »Er fiebert jedem Spiel entgegen und in jedem Spiel ständig mit. Wir brauchen Menschen, die Fußball lieben – und solch ein Mensch ist Günter Spahn mit Sicherheit.«

Zitate

»Wenn man nach so einem Spiel nur mit einem Punkt nach Hause fahren muss, ist das, auf Deutsch gesagt, Scheiße«

Harald Strutz nach dem 1:1 in Duisburg.

»Wenn wir nicht aufsteigen, kann keiner zufrieden sein. So eine Chance kriegen wir in zehn Jahren nicht wieder«

Präsident Harald Strutz nach dem 0:2 in Reutlingen.

»Wer hierher kommt, darf auf keinen Fall herzkrank sein«

Niclas Weiland angesichts nerviger Fußball-Krimis wie beim 4:4 gegen Duisburg oder 3:3 gegen Oberhausen.

»Über die Atmosphäre hier werden sie in Deutschland noch reden«

Christian Heidel nach dem vom Anpfiff bis zum Schlusspfiff von toller Fan-Unterstützung begleiteten 4:1 gegen Bielefeld.

»Der Sitz gehörte jetzt normalerweise in die Hall of Fame«

05-Stadionsprecher Klaus Hafner, als bei der ersten Abrissarbeiten des Stadion-Umbaus auf der Haupttribüne auch der Schalensitz von Präsident Harald Strutz »entsorgt« wurde, auf den sich nicht einmal »Kaiser« Franz Beckenbauer anlässlich eines Bayern-Gastspiels am Bruchweg zu setzen gewagt hatte.

»Am Ende haben wir nur noch gedacht, hoffentlich pfeift der Schiedsrichter bald ab«

Stürmer Michel Thurk nach dem 2:1-Zittersieg gegen Saarbrücken.

»In der Pause habe ich sie gefragt, ob sie es normal finden, dass sie pumpen wie die Maikäfer«

Jürgen Klopp nach dem 2:1-Sieg gegen Saarbrücken, als seine Mannschaft in der Anfangsphase ein sehr hohes Tempo vorgelegt hatte.

»Ich befürchte, dass sie uns die Punkte nicht freiwillig geben werden«

Jürgen Klopp vor dem Auftritt in Duisburg.

Autoren

Michael Bonewitz, *1961, Mainz, Geschäftsführer der Bonewitz Communication GmbH, einer Agentur für interne und externe Öffentlichkeitsarbeit, u. a. tätig für Schott Glas, Lufthansa, Basell, Merz, Ticona. Journalist und Autor. Veröffentlichungen u. a. »Natur pur« – ein Kochbuch für aufgeklärte Zeitgenossen, in Zusammenarbeit mit Johann Lafer, »Ein Fall für Mr. X« – Restaurantführer für Mainz und Rheinhessen.

Dr. Matthias Dietz-Lenssen, *1954 Trier/Bernkastel-Kues, seit 1973 in Mainz, Ethnologe und Journalist, Veröffentlichungen u. a. zu den Forschungsschwerpunkten Nordamerikanische Indianer, Texas-Auswanderung, Amerikanische Geschichte (19. Jahrhundert).

Bernd-Dieter Jenrich, *1936, Journalist, vor Eintritt in den Ruhestand über 20 Jahre Sportressortleiter der »Allgemeinen Zeitung« in Mainz, bereits 1991 Autor eines 05-Buchs (»Wir sind wieder oben«), früher Fußball-Vertragsspieler bei Mainz 05 und Hassia Bingen, 1958 deutscher Hochschulmeister mit der Uni Mainz.

Sascha Kopp, *1965, Mainz, seit 1988 Bildredakteur bei der Allgemeinen Zeitung Mainz, Bildpublikationen u. a.: »Der Aufstieg« und »Wir sind wieder oben« (Mainz 05) sowie »Mainz – Gesichter einer Stadt« (Mitautor) und »Mainz – Neue Fotos einer alten Stadt«, erschienen im Leinpfad Verlag.

Stefan F. Sämmer, *1964, Mainz, verheiratet, zwei Kinder, lebt seit 1992 in Zornheim und arbeitet seit 1983 als freier Bildjournalist im Rhein-Main-Gebiet. Seit 1987 ist er als Pressefotograf für die Mainzer Rheinzeitung tätig. Seine Themenschwerpunkte: Aktuelles, Wirtschaft und Sport.

Diese MAINZ Vierteljahreshefte-Sonderausgabe wurde u. a. durch die in diesem Buch abgedruckten Anzeigen von Mainz 05-Sponsoren mitfinanziert. In diesem Zusammenhang danken wir auch dem Mainzer Hilton für die Unterstützung.